教育、災害、都市化からみた
激変するモンゴル国

神戸ユネスコ協会・2018年
モンゴル国際ボランティア

安井 裕司・陳 秀茵・加藤 義雄 編著

ふくろう出版

目次

世界から神戸へ、神戸から世界へ..1

国際ボランティアの意義 3

第一部　モンゴル国際ボランティアの概要 5

   1　計画書..7

   2　参加者..8

   3　日　程..9

   4　費　用..9

   5　国際交流会・研究会 10

第二部　モンゴル国訪問記 11

   訪問記(1)：ゴビ砂漠を「2回」渡り、暖房を付けて寝たモンゴル国の夏の夜............13

   訪問記(2)：青空トイレを堪能する 14

   訪問記(3)：馬乳酒、羊の解体、180度の星空 16

   訪問記(4)：ラクダは食べものなのか？ 18

   訪問記(5)：「学校には、まず、水洗トイレが必要です。」..........................20

   訪問記(6)：民間ユネスコ活動と資本主義化、遊牧民の豊さと都市化...................22

   訪問記(7)：エレキと民族楽器とファッションショー 24

   訪問記(8)：都市化と暴力..26

   訪問記(9)：大自然の「ゲル」、都会の「ゲル」、そして、理想の「ゲル」に帰る........28

   訪問記(10)：モンゴル国でキリル文字から日本語を学ぶこと......................30

   訪問記(11)：モンゴル国のチベット仏教はイデオロギーを超える？ 32

   訪問記(12)：ウランバートルは東欧諸国の首都に似ている 33

   訪問記(13)：右からのナショナリズムが復活させるチンギス・ハーン...............35

   訪問記(14)：「今のモンゴル国には13世紀が必要なのです」.....................37

   訪問記(15)：モンゴル版「国家改造計画」？ 39

   訪問記(番外編)：余り物には福がある 40

第三部　学生による研究概要 43

　モンゴル国におけるNGO —「魔法の城」を中心に 45

　モンゴル国・ウランバートル市の大気汚染：なぜ、人々は石炭を燃やすのか？...........48

　ゾドとは何か：モンゴル国の自然災害の例として 51

　モンゴル国における日本語教科書の現状について：なぜ、教科書を使わないのか........54

　モンゴル国のマンホールチルドレン 57

第四部　研究報告 61

　モンゴル国における初中等日本語教育の現状と課題 63

　モンゴル国における牧民の移動と社会変動 79

ボランティアの経験を研究へ、研究からボランティアへ.................................90

世界から神戸へ、神戸から世界へ

神戸ユネスコ協会会長・加藤義雄

　神戸ユネスコ協会はユネスコ憲章（The Constitution of UNESCO）の精神に則り国際間の連帯と協力を基盤とした国民的ユネスコ活動を推進するため、1947 年 12 月 11 日に設立されました。

　当協会は日本ユネスコ協会連盟の一加盟協会として、全国のユネスコ協会と共に歩みながらも、独自の活動をも展開してきました。

　その一つは 2012 年、カンボジアのコンポンチュナン州の貧困地域であるロミアス村に神戸ユネスコ小学校（正式名ストイックアイトロミア小学校）を建設し、国際的なプロジェクトを開始したことです。以降、毎年、1 週間ほど、理事を中心に現地訪問を続け、支援を継続してきました。恵まれない子供たちに教育の機会を与えたいと思い、始めた活動でありましたが、訪問を重ねるたびに私たち自身が子供たちからエネルギーを頂いていることに気付かされました。今、私たちは、何かを与えることが主な目的ではなく、交流そのものに意義があると考えています。

　このように国際的なプロジェクトに着手して 2 年後、2014 年、（前年度に中国、ベトナム、ネパール、モンゴルからの留学生が中心となって発足した）日本経済大学神戸三宮キャンパスのユネスコクラブが、神戸ユネスコ協会青年部にドッキングしました。数多くの留学生を青年部に受け入れることで国際色がとても豊かになりました。

　以降、多国籍に渡る留学生中心の神戸ユネスコ協会青年部は神戸地区で活発な活動を展開することになります。そして、青年部の若者たちも 2015 年、2016 年と神戸ユネスコ協会のカンボジア訪問団に加わることになり、「国際ボランティア」プロジェクトに発展したのです。

　2015 年は留学生 4 名（中国国籍 4 名）、2016 年は留学生 6 名（中国国籍 4 名、ベトナム国籍 1 名、モンゴル国籍 1 名）がカンボジアに赴き、カンボジアの神戸ユネスコ小学校では、授業に参加し、日本型の給食を試み、図書室で本を読み、泥まみれになって子供たちとサッカーを行いました。

　2017 年 9 月の「ネパール国際ボランティア」を経て、2018 年 9 月、モンゴル国出身の青年部のリーダー格であるダワードルジ・エンフツェツェグさんの案内で「モンゴル国際ボ

ランティア」を企画しました。ＤＶを受けた子供のためのシェルター「魔法の城」での支援活動、モンゴルのユネスコスクール「モンゲニ校」との交流、大草原でのゲルでの宿泊、モンゴル・ユネスコ国内委員会の表敬訪問など感動の日々でした。

　このように、カンボジアを支援しながら、当協会の国際ボランティアは青年部の留学生の母国に活動の輪を広げています。

　私たちは今回の出会いや経験を神戸にて活かし、青年部の諸活動を応援し、ますます充実したユネスコ活動にしていきたいと決意しております。今後ともご支援ご鞭撻のほどよろしくお願い申し上げます。

国際ボランティアの意義

日本経済大学教授・神戸ユネスコ協会理事　安井裕司

　神戸ユネスコ協会では青年部を主体に過去4年間、「国際ボランティア」を開催しています。過去にはカンボジア（2015年、2016年）、ネパール（2017年）に約1週間、現地に滞在して活動してきました。カンボジアでは神戸ユネスコ協会が建設した小学校を定期的に訪問し、支援を継続しています。また、日本ユネスコ協会連盟が支援する「寺子屋」を視察し、授業に参加してきました。大地震の記憶が新しいネパールでは、4校のユネスコスクールを訪問し、事前に日本型の避難訓練のネパール語のパンフレットを作成したものを配布し、一緒に実演しました。

　そして、今回（2018年9月）、理事、一般会員、青年部学生（全員留学生）の合計15名でモンゴル国に出かけました。そこで、首都ウランバートルの貧困地区においてDVを受けた子供を守るシェルターを訪問し、防犯ベルを寄贈し、防犯教育に寄与しました。また、ウランバートル市内のユネスコスクール「モンゲニ校」を訪れ、国際交流を行いました。

　特筆すべきなのは、上記の「国際ボランティア」が神戸地区の大学に通う留学生が主体となっていることです。神戸ユネスコ協会青年部はその大半が留学生（ネパール、モンゴル、ベトナム、中国等）であり、彼らの出身国や隣国に行くことで、「国際ボランティア」に参加した学生たちが神戸と現地の橋渡しの役割を担うことができるのです。つまり、「国際ボランティア」活動は、留学生青年部の存在によって、神戸ユネスコ協会の内なる国際化と海外支援を通じた外なる国際化をも兼ねることになります。そして、ローカルとグローバルを繋ぐのです。

　また、「国際ボランティア」は短期滞在ではありますが、様々な企画のスタートでもあります。例えば、2017年にネパール国際ボランティアの際の訪問先の一つである首都カトマンズのユネスコスクールであるギャラクシー校は、帰国後、青年部のネパール人の学生たちが仲介役となって神戸市のユネスコスクールである北須磨高校との交流が始まりました。

　もちろん、課題もあります。LCCを利用し、安価なホテルに宿泊しても1週間で1人10万円近くかかってしまい学生にとっては金銭的にハードルが高いのです。どこまで、コストを軽減できるかが求められています。更に日本人の会員の参加が少なく、今後は日本人

の若者が参加したいと思うような形を考えていくべきでしょう。

　しかし、これらの課題があっても、神戸ユネスコ協会の「国際ボランティア」はグローバル化時代に地域がどのように対応するか（グローカル化するか）という問いに対する一つの答えになると信じています。

第一部　モンゴル国際ボランティアの概要

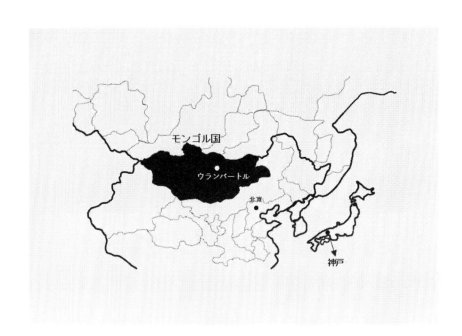

1 計画書

	2018 年モンゴル国際ボラティア
主催	神戸ユネスコ協会・日本経済大学神戸三宮キャンパスユネスコクラブ
目的地	モンゴル国　首都・ウランバートル市とドントゴビ県
目標 ・ 目的	・モンゴル国の DV 被害者のシェルターを訪問し、ボランティア活動に従事 ・モンゴル国のユネスコスクールを訪問し、ユネスコの精神に基づいた国際交流を展開する ・大草原におけるモンゴル国の遊牧民のゲルに宿泊し、モンゴル人の生活、文化を理解する
日程	9 月 2 日－9 日
内容	(1) モンゴル国内のユネスコスクール「モンゲニ校」訪問 (2) モンゴル国におけるユネスコ国内委員会への表敬訪問と意見交換 (3) 現地の DV シェルター施設「魔法の城」訪問 (4) チンギス ハーン像テーマパーク (5) テレルジ国立公園「13 世紀村」を見学・見物
費用 (目安)	① 飛行機代：関西空港－ウランバートル 　　　　　（one stop　北京経由　約 55,000 円） ② 宿泊費： 1 泊約 3,000 円 ③ 交通費：1 週間約 1 万円 ④ 食費：1 日約 4,000－6,000 円
応募締切	2018 年 4 月 30 日
応募先	日本経済大学神戸三宮キャンパス　陳研究室

2 参加者　　15名

名　前	所　属	国　籍
加藤　義雄	神戸ユネスコ協会会長	日本
大木　正一	神戸ユネスコ協会副会長	日本
村越　直子	神戸ユネスコ協会理事	日本
安井　裕司	神戸ユネスコ協会理事、日本経済大学教授	日本
陳　　秀茵	神戸ユネスコ協会理事、日本経済大学専任講師	中国
政次　　弘	神戸ユネスコ協会会員	日本
梅村　赳郎	神戸ユネスコ協会会員	日本
温　　曉亜	元神戸ユネスコ協会青年部部員	中国
ENKHTSETSEG DAVAADORJ	神戸ユネスコ協会青年部部員、日本経済大学経済学部4年	モンゴル国
LE THI HONG VAN	神戸ユネスコ協会青年部部員、日本経済大学経済学部3年	ベトナム
PADHYA DHARMA RAJ	神戸ユネスコ協会青年部部員、日本経済大学経済学部2年	ネパール
TRUONG KIM XUYEN	神戸ユネスコ協会青年部部員、日本経済大学経済学部2年	ベトナム
LE THI DUNG	神戸ユネスコ協会青年部部員、日本経済大学経済学部2年	ベトナム
DUONG THI HONG	神戸ユネスコ協会青年部部員、日本経済大学経済学部1年	ベトナム
NGUYEN THI NGOC ANH	神戸ユネスコ協会青年部部員、日本経済大学経済学部1年	ベトナム

3 日 程

日　程	主要な活動項目	活動詳細
9月2日	出発	関西空港－ウランバートル・チンギスハーン国際空港
9月3日	遊牧民生活体験	ウランバートル市－ドントゴビ県フルド村 （ゲル宿泊、馬の刻印祭り参加、ラクダ飼育家庭参観）
9月4日	遊牧地小学校訪問	「ドンドゴビ県フルド村小中学校」を訪問
9月5日	モンゴル・ユネスコ国内委員会訪問	午前：モンゴル・ユネスコ国内委員会（Mongolian National Commission for UNESCO）を表敬訪問 午後：国立民族歴史博物館を見学
9月6日	ユネスコスクール訪問 シェルター訪問	午前：モンゴ二校を訪問、学生同士交流 午後：DVを受けた子供たちのシェルターを訪問・支援
9月7日	日本語授業見学 ウランバートル市内観光	午前：モンゴ二校の日本語授業を見学 午後：ガンダン・テクチェンリン寺とZaisan Squareを見物
9月8日	チンギス　ハーン歴史施設見学	午前：チンギス　ハーン像テーマパーク 午後：テレルジ国立公園「13世紀村」を見学
9月9日	帰国	一部のメンバーは予定通りに帰国して、台風の影響でフライト変更のメンバーはウランバートル市に続いて滞在。

4　費　用（学生1人分、食事代は含まれない）

名　目	詳　細	価格（約）
飛行機代（往復）	関西空港－ウランバートル・チンギスハーン国際空港	55,000円
ホテル代	一日10米ドル	80米ドル
車代	9,000円	9,000円
日本国内　空港リムジンバス代（往復）	神戸三宮―関西国際空港	3,080円
保険代	海外旅行保険	2,850円

5　国際交流会・研究会

2018 年日本経済大学ユネスコクラブ第一回国際交流会・研究会
「モンゴル国を知る」

1. **場所**：日本経済大学神戸三宮キャンパス　本館 61 教室
2. **日時**：2018 年 8 月 22 日（水）13:00 - 15:00
3. **開会挨拶**：陳秀茵（日本経済大学専任講師・ユネスコクラブ顧問）
4. **発表者・内容**：
   (1) 国際ボランティアについて　安井裕司（日本経済大学教授・ユネスコクラブ顧問）
   (2)「モンゴル国の教育事情①：家庭問題とシェルターの必要性」DAVAADORJ ENKHTSETSEG
   (3)「モンゴル国の教育事情②：モンゴル国の進学率について」PADHYA DHARMA RAJ
   (4)「モンゴル国の災害事情」（日本経済大学ユネスコクラブ）LE THI DUNG
   (5)「モンゴル国の仏教について」TRUONG KIM XUYEN
   (6)「モンゴル国の食文化の変遷」NGUYEN THI NGOC ANH
   (7)「モンゴル国の伝統衣装と若者の最新ファッション」DUONG THI HONG

5. **総括**　森佳子　（神戸ユネスコ協会理事）

2018 年日本経済大学ユネスコクラブ第二回国際交流会・研究会
「モンゴル国際ボランティア」報告

1. **場所**：日本経済大学神戸三宮キャンパス　本館 72 教室
2. **日時**：2018 年 12 月 22 日（土）10:00 - 13:00
3. **発表者と内容**：
   (1)「モンゴル国の NGO, NPO の現状：子供シェルター「魔法の城」のケースー」
   　　DAVAADORJ ENKHTSETSEG（日本経済大学ユネスコクラブ元代表）
   (2)「モンゴル国のマンホールチルドレンについて」
   　　DUONG THI HONG（日本経済大学ユネスコクラブ部員）
   (3)「2018 年モンゴル国際ボランティアで学んだこと」
   　　PADHYA DHARMA RAJ（日本経済大学ユネスコクラブ幹事）
   (4)「モンゴル国の自然災害」
   　　LE THI HONG VAN（日本経済大学ユネスコクラブ副代表）
   (5)「モンゴル国における日本語の教授法ーベトナムとの比較ー」
   　　LE THI DUNG（日本経済大学ユネスコクラブ副代表）
   (6)「モンゴル国における初中等日本語教育の現状と課題」
   　　陳秀茵（日本経済大学専任講師・神戸ユネスコ協会理事）
   (7)「モンゴル国経済の現状と地方政策」
   　　安井裕司（日本経済大学教授・神戸ユネスコ協会理事）

総合司会　THAMSUHANG OGEN SANGAM（日本経済大学ユネスコクラブ副代表）
4. **総括**　森佳子（神戸ユネスコ協会理事）後藤一彦（神戸ユネスコ協会理事）
　　　　磯崎義継（神戸ユネスコ協会理事）

第二部　モンゴル国訪問記（2018 年 9 月 2 日〜9 月 9 日）

＊第 2 部は、早稲田大学 QuonNet ブログ「グローバル化は足元からやってくる」(安井裕司)(2018 年 9 月－10 月連載)の内容を安井が加筆修正したものです。

第二部　モンゴル国訪問記（2018年9月2日～9月9日）

訪問記⑴：ゴビ砂漠を「2回」渡り、暖房を付けて寝たモンゴル国の夏の夜
【1日目】

　9月2日、私たちは関西空港に午前7時に集合し、中国国際航空CA162便で北京に飛びました。

　北京空港に到着後、何と私はiPadを機内に置き忘れたことに気付いたのですが、どこを探しても出てきませんでした。また、荷物検査では、同僚の理事の1人が防犯ベルを、ベトナム人の女子学生が買ったばかりの日焼け止めを没収されながら、何とかウランバートル行きのフライト（CA955便）に乗り換えました。

　北京発は15時15分、1時間ぐらい飛行したところでゴビ砂漠が見えてきました。しかし、直ぐに砂漠は終わり、もうすぐウランバートルに到着かと思ったところ、「当機はウランバートルの悪天候のために北京空港に引き返しています」とアナウンスが流れ、そもそもあのゴビ砂漠は蜃気楼だったのかもと思っていると直後に北京空港に着陸しました。

　北京空港着陸しても機内から出られず、着席した状態で3時間程待たされ、乗客の子供たちは泣き出したり、モンゴル人乗客のグループがトランプに夢中になっていました。

　21時過ぎに再びウランバートルに向けて離陸し、真っ暗な中、3時間飛行した後、24時近くにウランバートル・チンギス・ハーン国際空港にやっと辿り着きました。

　さて、入管のパスポートコントロールを通らなくてはいけないのですが、上記の通り、私たちは日本、ネパール、ベトナム、中国、モンゴル国の国際チームなのです。日本人はビザが要らず、簡単に通過できたのですが他の人はなかなか出てきません。後ほど、聞いたところ、ネパール人とベトナム人学生たちは別室に連れていかれて、根掘り葉掘り聞かれたというのです。ネパール人がモンゴル国でボランティアというのは、モンゴル人的に

写真1. 北京空港機内で待機する私たち　　　写真2. ウランバートル・チンギスハーン国際空港

は納得できない発想だそうです。中国籍の学生と理事が、何とか説明して、かなり遅れて人が出てきました。

　くたくたになった私たちを、今回のボランティアの事実上の「団長」で先に母国に戻っていましたモンゴル人のエナさんが手荷物受取所の外で、笑顔で迎えてくれました。深夜のウランバートルを快適に小型バスで走り、市内のホテルにチェックインしたのですが、「0度近くになるよ」とエナさんに言われていた通り、かなり冷え込み、早速、暖房を入れることに。

　こうしてゴビ砂漠を2回通るという不思議な1日が終わり、暖房に温まりながら休みました。

訪問記(2)：青空トイレを堪能する
【2日目前半】

　9月3日、朝からウランバートルから車で4時間のところにあるドントゴビ県フルド村の遊牧民の生活圏に行くことになりました。

　今回のボランティアチームの事実上の「団長」であるモンゴル人のエナさんのお父様のご友人のバトジャルカルさんが遊牧をされているということでお邪魔することになりました。

　当初、ボランティア活動をした後に、遊牧地域を訪れる予定でしたが、週末に天候が崩れてしまい、ゲルと呼ばれる遊牧民の家に宿泊するには寒すぎるということと、ちょうど、9月3日に遊牧民のお祭りがあるということで、順番を入れ替えました。

　何と急遽アクセサリー・デザイナーのエナさんのお父様と内科医のお母様も同行してくれることになり、貸し切った小型バスで出発しました。30分も走ると草原が見えてきました。「きれい！」「素晴らしい！」という歓声が学生たちから上がりました。

　こちらに来る前にモンゴル映画を何本か観たのですが、本当に映像通りの美しい草原が広がっています。しかしながら、私たちはその「美しさ」を得るには代償があることを直ぐに知ることになりました。

　ここには、トイレがないのです。

第二部　モンゴル国訪問記（2018年9月2日～9月9日）

写真3. 貸し切ったバスで何時間も草原を走り続ける

写真4. 道路の両サイドにあるちょっとした石

　2時間もバスに乗っていますと、トイレに行きたくなりますが、草原です。日本のドライブインのようなところはありません。

　最初は、幹線道路の両サイドにはちょっとした石があるところもあり、その陰で用を足すしかないのです（写真4）。牛や羊の糞も沢山ありますので、人間も動物だと思うしかないのですが、やはり抵抗があったのは事実です（正直、「先生、見える！」とか女子学生に言われながら、用を足すのは苦痛です）。

　この後、翌日にウランバートルに帰るまで、私たちは青空トイレ、星空トイレを「堪能する」ことになります。

　唯一、立ち寄りました「ドライブイン」で、昼食をとりました。うどんのような麺に、羊の肉が入っていました。中国人学生のAさんは気に入ったようで、「美味しい！」と喜んでいましたが、4人のベトナム人の女子学生は皆、羊の肉が苦手なようでした。私は、その真ん中のような感じだったかもしれません。

　羊の肉とのお付き合いは、モンゴル国を出るまで続くことになります。

写真5. 羊の肉が入ったうどんのような麺とインスタントコーヒー

15

訪問記(3)：馬乳酒、羊の解体、180度の星空

【2日目後半】

　9月3日、ウランバートルから予定を大幅に遅れて6時間程バスで行き、ドントゴビ県フルド村に到着しました。

　エナさんのお父様の幼馴染で遊牧民のバトジャルカルさんが迎えに来て下さり、道なき道を小型バスで走り、彼の家族のゲル（移動式住居）まで連れてきてくれました。ちなみに、バトジャルカルさんは遊牧中、彼らはその地に一昨日「引っ越してきた」そうです。

　生まれて初めてのゲルに入ると、歓迎のセレモニーが始まりました。大きなお椀に「馬乳酒」を並々に注がれ、1人ずつ飲んでいきます。日本の茶道とは異なり、1人が飲むとお椀を（写真7）の中央男性に返し、またフルに入れて、次の人が飲むような形式です。馬乳酒は常温だったのですが、正直に申しまして、ごくごくとは飲めず、ちびちび感覚で頂きました。

　その後、アーロールという酸っぱいチーズを振舞われ、お昼に食べたうどんのような麺と羊肉をご馳走になりました。

　その後、馬の刻印のお祭りが始まりました。ある程度大きくなった馬には大人になった刻印をするそうで、そのセレモニーはお祭りとしてお祝いするそうです。

　絵本『スーホの白い馬』にあるように、モンゴル国の遊牧民は馬を大切にすることで知られていますが、「あの馬は人見知り」、「あの馬は友達が多い」とか説明を受けると、彼らが、馬の性格を見極めて一頭一頭、家族のように接していることがよくわかりました。

　夕食は終わったと思っていたのですが、刻印儀式の後、羊を解体式が続きました。私たちが到着する前に羊は潰されており、煮込んであっ

写真6. 遊牧民のゲル

写真7. 馬乳酒を注いでくれる男性

たそうですが、また元の姿に近い形で並べられていました。お祭りで「近所」の遊牧民の家族が集まっていましたが、その子供たちに一番美味しいところをナイフで切って渡していました。

次に私たちゲストにも下さったのですが、何も味付けをしていない羊を頂くことが皆、初めてであり、なかなか食が進みませんでした。

やがて草原の地平線に日が沈み、筆舌し難い程美しい星空が見えてきました。180度のパノラマです。Wi-Fi などはもちろんなく、ネットも使えませんし、トイレは相変わらず苦労しますが（夜は、人に見られる心配はないのですが、馬や羊の糞を踏んでしまう可能性があります）、とても、貴重な経験になりました。

写真8. 羊の解体式

私たちはバトジャルカルさんが、私たちのために作ってくれた大きなゲルに 12 人で寝ることになりました。朝は０度近くに冷え込むということで、コートを着込み、学生は寝袋に、私たち教員・理事はベットの上に寝ました。

今思えば、私の教員人生で初めて男女を問わず学生と同じ「屋根」の下で一夜を過ごしたのですが、あまりにも疲れ切っており、何も考えずに寝てしまいました。

写真9. ゲルで寝ている学生たち

17

訪問記(4)：ラクダは食べものなのか？
【3日目前半】

　9月4日、モンゴル国・ドントゴビ県フルド村の大自然（遊牧地）のゲルで迎えていた朝は、肌感覚では氷点下近くでした。ゲルは簡素な作りにもかかわらず、内部は温かいのですが、ゲルの外に出た時に寒さを感じました。

　昨日から肉が続いていたため、ベトナム人の学生たちが日本から持ってきたラーメンで、ベトナム風ラーメンを作ってくれることになりました。モンゴル国の大草原でベトナムラーメンを食するのは、なかなかシュールな経験でした。遊牧民の子供たちが興味津々で覗いていましたが、そんな時に、隣のラクダを飼っている遊牧民の家からバイクで青年が訪ねてきました。

写真10. ベトナム風ラーメン？

　実のところ、遊牧民の生活はかなり変化しています。昨日の「馬の刻印祭り」では、かなり広範囲から遊牧民たちが参加してきたのですが、皆、日本車を含めて外国車で集まってきていたのです。近距離からはバイクも使い、今日の遊牧民生活はかなり近代化しています。

　確かに馬や牛だけで移動するよりは、機械は早くて便利なのでしょう。しかし、Wi-Fiもないところで、トヨタ・プリウスを何台も見ますと場面を頭で整理するのに時間を要します。

　食後に、私たちは、その（私たちのゲルの）お隣さんのラクダを飼っている一家のゲルに遊びに行くことになりました。

　車で10分ぐらい行くと、別のゲルが見えてきました。そのゲルの周りにはふたこぶラクダが数十頭いたのですが、全て子供ということでした。親たちが別のところにいるそうです。

写真11. 子どもラクダ

　私は、この時、ラクダ農家（遊牧しているので農家というべきではないでしょうが）という職業を初めてみ

たのですが、ゲルの屋根にソーラーパネルを設置しており、太陽光で発電していたことに驚きました。バイクも自動車も、太陽光も用いながらラクダを飼う遊牧民というのは、こちらに来る前のイメージにはありませんでした。

しかしながら、伝統も生き続けているようでした。

写真 12. ゲルの隣にある電気を通している移動式コンテナ

私たちは、ラクダ一家の家長に大歓迎を受けたのですが、大きなゲルに通されると、主客を問わずに男性が先に奥に座り、女性が末席に並びます。また、昨日同様、馬乳酒を振舞われ、男性から順番に飲んでいきます。

男性中心主義とも言えなくはないのですが、不思議に男尊女卑の感覚はないのです。女性が縮こまっている訳ではなく、逆に食事の時などは場を仕切っているようにも見えます。男性たちも、女性たちに対して決して高圧的ではなく、よく見ますと指示に従って動いているのです。

私は専門家ではないため、このような男女関係が、この地域の特有で「例外」なのか、それともモンゴル国の遊牧民の「伝統」なのか、もしくは、近代化の影響を受けているのか判断ができませんが、興味深く拝見していました。

歓迎の馬乳酒の後、ゲルの御主人からラクダ肉を食べるかと聞かれたのですが、私たちは「とても残念なのですが、既に朝食は済ましております」と丁寧に（即答して）お断りしました。その後、外で何十頭のラクダに囲まれながら時を過ごしました。ラクダと言えば砂漠の「馬車」のような印象を抱いていましたが、ここでは「食」の対象でもあることを思い知りました。

訪問記(5):「学校には、まず、水洗トイレが必要です。」
【3日目後半】

　9月4日の午後、貴重な体験を得て、モンゴル国・ドントゴビ県フルド村の大自然（遊牧地）のゲルを出発しました。

　私たちの目的の一つは、モンゴル国の学校を視察するというものがあったのですが、ゲルから車で30分ほどのところにあるこの地域の唯一の学校「ドンドゴビ県フルド村小中学校」を訪問しました。

　学校の入り口で校長先生に迎えて頂きました。この学校は、遊牧民の子供たちの教育を目的としており、現在、50人程の学生が学んでいます。

　小学部の算数の授業に参加させて頂きましたが、子供たちはみな一生懸命勉強していました。昨日、「馬の刻印祭」で会った子供たちもいました。

　さて、子供たちの家庭は遊牧民ですから通学が大変なのではないかと、早速、先生方に質問をしたところ、待っていましたとばかり「寮があります」と説明を受けました。そして、是非、「寮を見てください」と言われ、見学することになりました。

　小学校に隣接している寮は、4人部屋でベッドで机がありました。遊牧地から通学できない子供たちはこの寮で滞在して、勉強するそうです。

　校長先生に「子供たちの両親はそこまでして勉強することをどう思っているのでしょうか」「働き手がいないくなることを嫌がる親はいないのですか」と伺ったところ、「そういう親は、この学校にはいないですね」と即答されました。

　一昨年訪れたカンボジアの貧困地域では、親が子供を働き手と考えていることが、小中学校の就学率の向上を妨害する最大の問題だったのです。しかし、モンゴル国の遊牧民の親は、概して、子供の教育に熱心だそうです。

写真13. ドンドゴビ県フルド村小中学校

写真14. 小学部の算数の授業

(左) 写真 15. 学校に隣接している寮
(中央) 写真 16. 両サイドに二段ベッドが 2 つ　　(右) 写真 17. 校長先生自慢の水洗トイレ

　そして、政府も遊牧地域の教育に力を入れており、2021年までにキリル文字のモンゴル語のみならず、伝統的な縦書きのモンゴル文字を全児童が読めるようにすることを目標にしているとのことでした。

　その上で、何よりも、この学校で校長先生が自慢されたのはトイレでした。是非、水洗トイレを見て欲しいと言われ、全員で見学させて頂きました。校長先生が言われるには、この学校で最も必要なものは「水洗トイレ」と「シャワー」だそうです。現在トイレは完備されたので、シャワールームを作りたいと言っていました。

　実はその学校に隣接する土地に昨日ゲルに泊めて頂いたバトジャルカルさんの「自宅」があり、学校の後お茶に寄られて頂きました。バトジャルカルさんは遊牧生活をしながらこの学校がある村の中心部にトイレもお風呂も完備した「自宅」を持っているのです[1]。

　学校を後にして、私たちはまたチャーターしたミニバスで6時間近くをかけてウランバートルに戻りました。当然、途中は、草原の青空トイレしかありません。随分慣れてはきましたが、毎回、道路沿いの岩場を探しながら、校長先生が言われた「まずは、水洗トイレを作りたかった」という言葉が頭を巡りました。

　青空トイレも慣れてくれば気持ちが良いものですが誰も汲み取りはしません。紙は持ち帰られなければなりません。そのようなことを考えれば、衛生面においても限界はあると思います。水洗トイレは今後モンゴル国の遊牧地においても求められていくのでしょうか。

---

[1] そもそも、バトジャルカルさんは、お子さんを米国に2人、日本に1人留学させている大成功した遊牧民です。日本に留学していた息子さんは、現在、日本の日本語学校に留学しており、大学進学を目指しています。私たちは「ご自宅」でSNSを通じて息子さんと会話しました。

近代化の波がモンゴル国の遊牧地も包み込んでいます。そして、その近代化を巡る問題は、その時、私達が理解していたよりも肯定的なファクターばかりではないことを後に学びます。

　更にこの夜、ウランバートルのホテルに戻りますと、Wi-Fi が復活し、日本で台風 21 号が近畿や北陸地方を縦断し、各地に大きな被害を与え、関西空港が閉鎖されているというニュースが飛び込んできました。帰国は 9 日の予定でしたので、その時は、自分たちの旅程にも影響を及ぼす程の問題になるとは想像できませんでした。

訪問記(6)：民間ユネスコ活動と資本主義化、遊牧民の豊さと都市化
【4日目】

　9 月 5 日の午前中、ウランバートル市内の国連ビル (UN House) に入っているモンゴル・ユネスコ国内委員会 (Mongolian National Commission for UNESCO) を表敬訪問しました。モンゴル国におけるユネスコ政策や民間ユネスコ協会の活動について、そして前日に訪問したモンゴル国の遊牧地の遊牧民における教育政策などを伺いました。

　同委員会の事務局長スフバートル・ウヤンガ氏は、私たちの質問に対して丁寧にご説明下さりました。

　個人的に一番興味がありましたのは、モンゴル国における民間ユネスコ活動が、1989 年以前の社会主義体制の頃、盛んであったが、1989 年－90 年の民主化運動以降の資本主義化の中で下火になっていったという話でした（社会主義時代の「民間」とは何なのでしょうか）。しかしながら、ウヤンガ氏は 90 年以降、多くの社会問題が噴出しており、政府ではカバーできず、民間の力が必要であるそうで、民間におけるユネスコ活動が再興すればと願われておりました。

　そもそも、日本ユネスコ協会連盟及び（その構成団体の）神戸ユネスコ協会は、政府機関でも地方自治体の外郭団体でもなく民間組織であり、

写真 18. Mongolian National Commission for UNESCO Facebook から

写真 19. ユネスコ国内委員会担当者と交流

NGO です。ですから、モンゴル国でも、民間のユネスコ協会があればそれがカウンターパートになるのですが、幾つか名前を見つけても連絡がつきませんでした。そこで、モンゴルユネスコ国内委員会に連絡を取り、ウヤンガ氏にお話を伺うことになったのです。

それからモンゴル政府がいかに遊牧地域における教育を強化しているのかについても、ウヤンガ氏が解説して下さいました。私たち神戸ユネスコ協会は、カンボジアやネパールの貧困地域に対しまして援助活動を行ってきましたが、モンゴル政府は地方の教育にかなり力を入れており、この点において国際援助が必要であるとは思えませんでした。

遊牧地の開発支援に関しましては、私の学生のモンゴル人のエナさんでさえ「政府が地方で頑張っていることは事実ですね」と驚いていました。

ただ、話を纏めながら考察すると、地方の発展に力を入れている理由は、都市化の失敗を顕しています。多くの遊牧民が、遊牧を辞めてウランバートルに来てしまい、ウランバートル郊外にゲルを作り住んでいるのです。そして、マイナス 30 度、40 度となる冬になると一斉に薪を燃やすため、ウランバートルでは公害問題が深刻化しています。

このような公害問題、環境問題に対応するためにも、政府は地方の遊牧民の生活を豊かにし、ウランバートルに来させないようにしなければならないのです。

私は、前日、外国車を乗り、バイクを何台も持ち、ゲルの屋根に太陽光パネルを置いて電気をゲルに通している遊牧民を観ながら、その近代化された「豊かさ」に驚いていたのですが、モンゴル国・ユネスコ国内委員会のお話を伺いながら、「豊かさ」の謎が解けてきたように感じました。

午後は、ボランティア活動としては今回のメインイベントである DV を受けた子供たちのシェルターに行く予定でしたが、天候が悪くなり、そのシェルターが坂の上にあり、雨の中では車で登るのは危険を伴うということで、急遽、1 日延期することになりました。

雨の中、代りに行った大手デパートでショッピングをしながら、モンゴル国では本当に天候にスケジュールが左右されることを実感しました。

訪問記(7)：エレキと民族楽器とファッションショー
【5日目】

　9月6日の午前、私たちは、当初からの予定通りに、モンゴル国のユネスコスクールであるモンゲニ校（Mongeni Complex School）を訪問しました。

　ユネスコスクールとは、ユネスコ憲章に示されたユネスコの理念を実現するため、平和や国際的な連携を実践する学校です（文部科学省 HP）。現在、世界 180 か国以上の国・地域で 10,000 校以上のユネスコスクールがあり、モンゴル国にも、12 校が登録されています（UNESCO Associated Schools Network）。

　モンゲニ校はユネスコスクールの一つであり、小学校から高校までの一貫校です。基本は公立ですが、部活や学科によっては部分的に私立化しており、ユニークな経営方針を採っています。

　同校の講堂に招かれると、校長先生の御挨拶の後、学生と先生による民族音楽や民族衣装のセレモニーが続きました。

　学生たちによる民族音楽は、大変素晴らしく素人とは思えない程でした。民族音楽は途中からロック調となり、ファッションショー風に変わっていきます（後で伺ったところモンゴル国の部族別の衣装を紹介して下さったそうです）。

写真 20. 学生による民族音楽パフォーマンス

　そして、同校の先生がエレキギターで登場されました。伝統楽器とエレキギターと民族衣装が、何ともシュールな感じを醸しだし、引き込まれていきました。

　モンゲニ校では、音楽だけではなく、語学教育にも力を入れているとのことでした。宴の後、中国語を勉強している学生が中国語で質問し、私たちの中国人

写真 21. エレキギターを弾くのは同校の先生

写真22. 日本語担当の先生方と学生たちとの交流

学生が答え、同校で英語を勉強している学生が英語で質問すると私たちのネパール人学生が英語で答えるという Q&A タイムとなりました。

日本語を学んでいる生徒もいまして、東京外国語大学に留学したという主任の先生の下で皆、頑張っていました。しかしながら、英語はもちろん、中国やロシア語と比較しても履修人数が少ないようでした。

前述の通り、この学校は、公立か私立か分からないところはあるのですが、89年の民主化後、部分的に民営化して成功を収めた学校として、前日、表敬訪問したモンゴル国・ユネスコ国内委員会から紹介されたのです。同委員会の役人の方も来られていたのですが、「この学校は、モンゴル国の普通の学校ではないので、標準として捉えないで欲しい」と御親切に教えてくれました。

確かに、ユネスコスクールは、各国とも優秀な学校が応募し、認定されることが多く、一国の平均的な学校と捉えるのは難しいでしょう。各国にいて学校の格差化は深刻な問題ではあります。

しかし、優秀な学校も、グローバリゼーションが進む中でどのように国際化を図るべきかについては悩んでいるようにも思えます。実際、ユネススクールが「ユネスコの理念を実現する」ために具体的に何をすべきかは曖昧なところもあり、私たちの訪問が、神戸やその他の地域のユネスコスクールとの繋がりへと発展していけばいいと思わずにはいられませんでした。

貧困地域のサポートは必要なのはもちろん、国境を越えたユネスコスクール同士の交流の提案も訴えていく必要があるように感じました。

上記のようなモンゴル国の高校先生のエレキと伝統楽器のアンサンブルに合わせて踊る民族衣装のファッションショーを、日本にも届けたいものです。もちろん、踊っているだけでは国際交流とは言えないかもしれませんが、まず、楽しくなくては面白い交流にはならないのではないでしょうか。

訪問記(8)：都市化と暴力

【5日目後半】

9月6日の午後は、今回のメインイベントでありますDVを受けた子供たちのシェルターに行きました。

「魔法の城」（Id shidiin ordon）と名付けられたその施設は、外国に滞在しているモンゴル人（主に留学生）がお金を出し合って建てられました。私のゼミ生であるモンゴル国出身のエナさんは、その1人であり、その縁で、神戸ユネスコ協会青年部として今回、訪問させて頂くことになりました。

その施設は、ウランバートルの貧困地域にあります。中心街から渋滞の中、約1時間車に乗ると、中心部とは異なり、遊牧民のゲルも目立つようになってきました。

当然、「なぜ、遊牧民のゲルが、都会にあるのか？」と思われるでしょうが、それは、ある意味でモンゴル社会の根本的な課題に通じるのかもしれません。

モンゴル国は急激な都市化が社会問題となっています。遊牧を辞めた元遊牧民が、ウランバートルのような大都市にやってきて、空き地にゲルを立て住むのです。皮肉なことに、モンゴル遊牧民の伝統のシンボルであるゲルは、都会では貧困を顕しているのです。

都市貧困層の増加は、治安の悪化に繋がっています（今回の滞在中も、学生の1人が携帯電話をすられてしまいました）。そして、都市貧困層の増加と共にアルコールの飲みすぎによって引き起こされる暴力事件も増えているそうで、家庭にフォーカスすればDVとなります。

写真23.「魔法の城」（Id shidiin ordon）

「魔法の城」はそんなDVを受けた子供のための避難施設です。現在、約100人の子供が滞在しています。両親から暴力を受けた子供たちを守るのですが、親の再教育もしているそうです。

私たちは貧困地域の小高い丘に建てられたオアシスのような「魔法の城」に到着し、まず施設の案内を受けました。そして神戸ユネスコ協会からの支援物

第二部　モンゴル国訪問記（2018年9月2日〜9月9日）

資として日本から持ってきた防犯ベル130個を贈呈しました。

本来、現地の経済への影響を考え、できるだけ何かを贈与する時は現地で調達しているのですが、今回はモンゴルの防犯ベルが非常に手に入り難く、高価であるという情報を得ており、日本で調達しました。

そして、その後私たち（神戸の学生たち）は施設の子供たちと楽しい時間を過ごしました言葉は全くと言っていい程、通じな

写真24. 防犯ベル130個を贈呈した

いのですが、バスケットや鬼ごっこ等を夢中になって遊びました。一部は、昼寝をしている3歳以下の子供たちの部屋に行き、起きている子供をあやしました。私たちのこれらの活動が、正統なボランティアかと問われれば、そうではないのかもしれませんが、私はこれでいいのではないかと思っています。

たった1週間の滞在ですから、ボランティアと言っても何もできません。無理はせず、「思い出」や「繋がり」を作り、また再訪し、支援したくなるような旅になればそれでいいのではないでしょうか。カンボジアやネパールでもそうですが、訪問はきっかけに過ぎません。帰国後、どうするのかがより重要になっていくのでしょう。

私は学生たちが「ボランティア活動」に励んでいる時、この施設の代表の Chadraabal Ganjavkhlan 氏にご挨拶させて頂き、上記にある都市化と DV の問題、環境問題など、多岐

写真25. 子どもをあやしている私たちの学生

写真26. 3歳以下の子どもたちの部屋

写真 27.「城」の入り口にあるオリジナル・マスコット

に渡ってお話しさせて頂きました。

氏の説明では「魔法の城」は学生たちが始めた運動だったそうです。お金だけではなく、実際の建設に多くのモンゴル国の学生が携わっているそうです。彼らは大学や高校で学びながら、社会を変える「魔法」になることを願って「魔法の城」を建設し、運営しているのです。学生だから未熟なことも沢山あったそうですが、単に、社会に不満を口にするだけではなく、建設的な一歩を踏み出したことは賞賛されるべきでしょう。

「城」の入り口には、皆が製作したオリジナル・マスコットが立っていました。子供を守るシンボル・キャラだそうです。小さいけど、彼の双肩にかかっているものは大きいように感じました。

訪問記(9)：大自然の「ゲル」、都会の「ゲル」、そして、理想の「ゲル」に帰る
【5日目後半】

9月6日の午後、DVを受けた子供たちのシェルター「魔法の城」（Id shidiin ordon）を後にする前に、職員の人が、シェルター内にある「ゲル」を見せてくれました。なぜ、シェルターに「ゲル」があるのかといえば、「ゲル」が、理想の家のシンボルであり、モンゴル人として忘れてはいけないものだからだそうです。

シェルターでは、心理学や幼児教育学を専攻した職員が、「家族」になり子供たちの世話をしています。彼らは子供たちにとって他人なのですが、他人でも（他人だからこそ）シンボルとして、「ゲル」が必要なのでしょう。

写真28.「魔法の城」のシンボリックな「ゲル」

写真29. シェルターに隣接する「ゲル」

写真 30. シェルターはウランバートルの貧困地域にある

私たちは、2日目と3日目に大草原で遊牧民の「ゲル」に滞在しました。予想通り（いや、それ以上に）、素晴らしい「ゲル」でした。そこで、遊牧民のバトジャルカルさん一家が本物の「ゲル」の生活を体験させてくださりました（私たちがボランティアで来ていることもあり、バトジャルカルさんは1トゥグルも求めず、完全なお客様として迎え入れてくれました）。

私たちが観た「ゲル」の生活は単なる草原生活ではなく、太陽光によって電気を使い、冷蔵庫もありました。

しかし、前述の通り、ウランバートルの貧困地域にも沢山の「ゲル」があります。都市に流れた遊牧民の多くが、家に住めずに「ゲル」をウランバートルに作り住んでいるのです。酷い言い方ですが、スラムに近いのです。

「魔法の城」の「ゲル」は、大自然の「ゲル」でも、スラムの「ゲル」でもありません。それは、無理な都市化によって崩壊した「ゲル」（家庭）を、人工的に（他人が）再構築しようとするものです。

コミュニティの再構築が世界中で問われています。近代化、産業化、グローバル化どのような言葉を用いるにしても、世界中のローカルコミニティは多かれ少なかれ、変質していっているのです。

そんな中、モンゴル国では、たとえ人工的であっても、最後は「ゲル」が必要であると

すれば、それはそれで十分理に適っているように思えたのです。

そして、シェルターの「ゲル」が理想の家庭のメタファーだとすれば、ヨーロッパ各国でも、日本でも米国でも、「ゲル」が必要なのかもしれません[2]。

「魔法の城」からホテルに帰ると、台風21号の影響で関西空港への帰りの9人分の北京経由の中国国際航空のフライトがキャンセルされていました。それから夜まで、何時間も同航空のコールセンターに電話して帰国の方法を探したのですが、羽田着しかありませんでした。しかも、帰国予定日の9月9日着のフライトは3人しか再予約できない状況で、残りの6人は9月12日の羽田着のフライトしか取れませんでした。結局、私も含めた6人は、プラス3日間のウランバートル滞在を余儀なくされることになりました。

訪問記（10）：モンゴル国でキリル文字から日本語を学ぶこと
【6日目前半】

9月7日の午前中、私たちは昨日、訪れた（ユネスコスクールの）モンゲニ校の日本語の授業に参加しました。

モンゲニ校は、日本の小学から高校まである一貫校ですが、まずは小学4年生の日本語の初級の授業にお邪魔しました。

小学校から日本語を選択している学生は10人もいないのですが、皆、一生懸命勉強していました。

教え方は、視覚重視です。まず、「モンゴル」「もんごる」という国も名前をひがらなとカタカナで書かせて、ひらがなとカタカナの違いを子供たちに指摘させます。次に、「モ」や「ン」や「ゴ」や「ル」

写真31. モンゴル国のユネスコスクール認定校「モンゲニ校」

---

[2] 7日目、私たちはウランバートル郊外のジンギスカンのテーマパークを訪れ、13世紀からのゲルの歴史を観ました。「ゲル」を語るとすれば、上記のような社会的変遷だけではなく、歴史としての「ゲル」の史的発展も考えなくてはいけないかもしれません。

が自分の名前に入っている人が、出てきて自分の名前を書いていきます。ヨーロッパでも同じような教え方をしているようですが、形で覚えて、そして広げていくような方法です。

モンゴル共和国のモンゴル人は、文字通り、モンゴロイドですので、東アジア人ですが、1941年にキリル文字を導入し、現在も使っています。それ故に、漢字文化圏ではなく、現在は、古来のモンゴル文字も国民の全員が読める訳ではありません（政府は復活させようと躍起になっているようですが）。

しかし、モンゴル語は日本語と文法が似ており、文字は違うのですが、一度文字の壁を乗り越えると、お互いに学び難い言語同士ではないように見られました。

逆に申せば、このキリル文字が壁であり、そもそも、なぜモンゴル国がキリル文字を導入したのか（ソ連の影響下、1924年にモンゴル人民共和国が建設された時まで遡るのですが）を考えざるを得ませんでした。

自国の言語の表記を他国の文字にしてしまうというのは、想像するのが難しいのですが、日本でも第二次世界大戦直後、GHQ内で日本語をアルファベット表記にするという意見があったくらいですので、歴史ではこのような事例は珍しくないのかもしれません。

ちなみに、今回、私と日本から同行した学生たちの中にはベトナム人が5人いましたが、ベトナムも漢字を使ったり漢字を応用して作られたチュノムという文字を使っていたのですが、20世紀初めに言語をアルファベット化しています。

5人の学生たちも、日本語の授業に参加しましたが、自分たちが学んできたやりかたと共通するのか、積極的に授業に介入し、ノリノリでとても楽しそうでした。

私はいずれにしても、言語と政治は切り離せないなぁと考えこんでいたところ、モンゴル国の子供たちが「森のくまさん」を合唱して聴講していた授業が終わりました。

その後、私たちは日本語の先生の案内で様々な授業を聴講させて頂き、モンゲニ校を後にしました。

訪問記（11）：モンゴル国のチベット仏教はイデオロギーを超える？
【6日目後半①】

　9月7日の午後、私たちはガンダン・テクチェンリン寺（ガンダン寺）を訪れました。同寺は、1727年に、清の第5代皇帝雍正帝によって建設され、現在ではモンゴル国における仏教の最高学府となっています。

　モンゴル国は仏教国なのだが、チベット仏教が主流なのです。チベット仏教が、モンゴル国に伝わった時期は諸説あるようですが、13世紀のモンゴル帝国の（チベットも領域となる）成立と共にモンゴルの全体にチベット仏教が浸透していったとされているようです。

　入場料を支払い、お寺の敷地に入りますとかわいい童子ブッダが出迎えてくれました。

　そして、本堂（観音堂）に入りますと、金色に輝く25メートルの観音菩薩像が聳え立っていました。私の学生が、写真と撮ろうとした瞬間、ガードマンを兼任しているお坊さんから「No!」と言われ、皆、驚いていると、「でも、お金を払えば撮ってもいい」と続けるのです（そういえば、英国ではカール・マルクスが眠るロンドン郊外の墓地に入って、墓石の写真を撮るのにお金が取られることを思い出しました）。

　学生も私たち理事（教員）も自費で、ボランティアと国際交流に来ているのに、お金を払って仏様の写真を撮るのは、(ボランティアではなくても同じように感じたでしょうが)なんとなく相応しくないように思え、スマホと財布を懐にしまいました。

　ちょっと雰囲気が悪くなったところ、ネパール出身のD君が、「ネパールと同じです！」と観音堂内にあるマニ車を回すのに夢中になっていました（実際、ネパールの仏教もチベット系があります）。

　マニ車は、文字通り、くるくる回る車なのですが、回転させた数だけ経を唱えるのと同

写真32. ガンダン寺の本堂

写真33. 童子ブッダ

じ徳があるそうです。学生たちは、「読むより楽です！」と体力で徳を得ようと頑張り始めました。

マニ車は観音堂の外にもあり、私たちは、随分、徳を積んだと思われます。

上記のような「世俗性？」はともかく、ガンダン寺はとても複雑な歴史があります。

1924年にソ連に続き、世界で2番目の社会主義国家としてモンゴル人民共和国が成立した後、同国の社会主義政権は仏教を弾圧します。ガンダン寺も壊されますが、1944年から社会主義政権の方針が変わり、徐々に復興され1990年にほぼ復元されます。しかし、その時に革命が起こり、同国は社会主義から民主主義＝資本主義体制に転換していくことになります。

写真34．マニ車を回ったD君

イデオロギーとイデオロギー内の変節に翻弄され、そしてイデオロギーを「超えて」君臨するモンゴル国のチベット仏教は興味深い存在であります。

訪問記（12）：ウランバートルは東欧諸国の首都に似ている
【6日目後半②】

9月7日の午後、私たちはガンダン・テクチェンリン寺（ガンダン寺）の後、車でウランバートル郊外の小高い丘にありますZaisan Squareに登りました。

このZaisan Squareは、今回、私たちの団体で唯一のモンゴル人であり、団長でもあるエナさんが小さい時によく行ったところであり、現在はエナさん曰くZaisan（財産）という名の通り、ウランバートルのお金持ちが住む新興高級住宅地となっているそうです。何よりも、ウランバートル市が一望できるということで、向かいました。

同Squareに上がるには20分程、丘を登るのですが、駐車場脇の「Coffee and Chiken」（遊牧民のバトジャルカルさんは、おやつに羊肉を食べていましたので、モンゴル人にとってはコーヒーと鶏肉の組み合わせも普通のカフェメニューなのかもしれません）という面白い名前のお店を通り過ぎて、どんどん上がっていきました。

写真35.「Coffee and Chiken」　　　　写真36. Zaisan Square から見た風景

　すると写真38の通り、人口約140万人のウランバートルを見渡すことができました。伝わるかどうか分かりませんが、ウランバートルの中心部はロシア型（ソ連型）の建築物が多いのです。

　私は1990年代後半にルーマニアの首都ブカレストに留学した経験があり、近隣諸国のハンガリーの首都ブタペストやセルビア（当時ユーゴスラビア）の首都ベオグラード、スロバキアの首都ブラチスラバ、ブルガリアのソフィア等を訪れたことがあります。

　ウランバートルは、東アジアに位置するにもかかわらず、東ヨーロッパの都市にそっくりです。

　歴史的な共通性もあります。多くの東アジアの共産主義圏は、共産党（労働党）による一党支配体制を継続しながら、経済において市場主義を導入し、改革開放路線を採ってきました（北朝鮮のような例外もありますが）。

　しかしながら、モンゴル国は東欧諸国と同様に1989年/90年に民主化運動を経て、民主主義と資本主義路線を進みました。それが、経済的に良かったかどうかは議論の余地がありますが、いずれにしてもモンゴル国は他のアジアの旧共産主義諸国とは異なるのです。

　そんなことを考えながら、Zaisan Squareで佇んでいましたところ、学生たちは日本のお祭りの時にあるような、風船割ダーツに夢中になっていました。いくつかダーツを投げて、割った風船の数で景品が貰えるのです。するとダーツに歓喜の声を上げていた1人のベトナム人女学生が、コートのポケットに入れてあった携帯電話がないことに気付きました。どうやらすられたようなのです。

Zaisan Square（ザイサン広場）で、ダーツで散財して、携帯を盗まれてしまうとは。彼女は、ウランバートルの治安が悪化していることを身を持って教えてくれました。

写真 37. Zaisan Square の風船割ダーツ

訪問記(13)：右からのナショナリズムが復活させるチンギス・ハーン
【7 日目前半】

9月8日は、本来、帰国前日でした（しかしながら、関空の閉鎖によって6人が3日間の延長を余儀なくされています）。「最終日」の計画は、ボランティアや国際交流活動ではなく、ウランバートルから東に 60km ほどのところにあるモンゴル国の歴史的な偉人チンギス・ハーンのテーマ・パークと、チンギス・ハーンが活躍した 13 世紀のモンゴル国を再現した「13 世紀村」を訪問することでした。

ウランバートルから車で 1 時間半程の行きますと、草原にいきなり馬に乗ったチンギス・ハーンの巨大な像が現れます。後に騎馬像としては世界一と説明を受けますが、（ライバ

（左）写真 38. 聳え立つチンギス・ハーン像
（中央）写真 39. 馬の頭まで階段で登るとチンギス・ハーンとお見合いになる
（右）写真 40. ブーツ

ルが誰なのかはともかくも）台座だけで約 12 メートル、全長は約 40 メートルらしく、一目で納得します。パークの中に入りますと、チンギス・ハーンが履いていた「モデル」の（3 階建て相当の）ブーツに対峙します。世界最大のブーツとしてギネスに登録されているそうですが、本当にその大きさに度肝を抜かれます。

私が驚いたのは、むしろ、この巨大な騎馬像が 2002 年から約 6 年の歳月をかけて建設された事実です。完成したのは 2008 年ですので、僅か 10 年前です。チンギス・ハーンは、1162 年に生まれ、1227 年に亡くなっていますので、このタイムラグをどう考えるべきでしょうか。

実は、ソ連の衛星国としてモンゴル国が社会主義体制を敷いていた頃、モンゴル国では歴史上、ロシア（ソ連）の敵であったチンギス・ハーンを公に偉人として掲げることはできなかったそうです。

13 世紀のモンゴル帝国の父・チンギス・ハーンは、1989 年-90 年の革命によって民主主義と資本主義と共に復権したのです。

ウランバートルの中心部には、国会議事堂の前にスフバートル・スクエアという広場があります。かつてはモンゴル社会主義の英雄であったダムディン・スフバートルに敬意を表し、社会主義時代にスフバートル騎馬像が建てられました。それになんで、スフバートル・スクエアなのですが、同広場に巨大なチンギス・ハーン像が 2006 年に完成し、チンギス・ハーン広場に改名されるのです。その後、またスフバートル広場に戻るのですが、現在は、チンギス・ハーン像とスフバートル像が並んでいる状況が続き、名前も混乱しています。つまり、チンギス・ハーンの復権は、13 世紀の英雄物語ではなく、今日のモンゴル国政治を反映しているのです。

私は、このチンギス・ハーンのテーマ・パークは、ナショナリズム研究において貴重であるように思えます。前述の通り、モンゴル国で、チンギス・ハーンを戴く「ナショナリズム」は 1989 年の革命以降に高まっていきます。しかし、社会主義体制時代が反ナショナリズムだったとは断言できません。スフバートルは革命家であり社会主義者ですが、同時に「近代モンゴル軍の父」と言われ、軍隊を率いてモンゴル国

写真 41. スフバートル像

の独立を勝ち取った人物だったのです。いわば「左翼」ナショナリストとも言えます。

　モンゴル帝国の父・チンギス・ハーンは「帝国主義者」です。本来、ナショナルに集約することは難しいかもしれませんが、今、復権しているチンギス・ハーンは、現代モンゴル国の「右翼」ナショナリズムのシンボルなのです。

　ナショナリズムと民主主義と資本主義が、巨大なチンギス・ハーン像に顕在化されている今日のモンゴル国は、研究上、非常に面白いと言えます。

訪問記（14）：「今のモンゴル国には13世紀が必要なのです」
【7日目後半】

　9月8日、チンギス・ハーンのテーマ・パークを発ち、車で30分程のトゥブ県エルデネソムにある13世紀のモンゴル国を再現した「13世紀村」に向かいました。

　なぜ、13世紀なのかといえば、チンギス・ハーンがモンゴル国を統一したのが1206年であり、そこからモンゴル帝国が始まり、約1世紀においてモンゴル国はユーラシア半島の大半を占める大帝国となっていきます。

　言い換えれば、13世紀はモンゴル国が歴史上、最大の領域を所有していた時代であり、世界史の主人公として最も輝いていた時代なのです。

　この「13世紀村」は、88ヘクタールの広大な土地を使ったテーマパークなのですが（大き過ぎるからか）、なかなか見つかりません。

　道を迷いながら、羊か岩なのか分からないような景色が続く大草原を車で突き付けると、矢印の看板がありました。「ここから13世紀って書いてあるのではないか！」と洒落を言った後に、洒落にならないことに気付きました。ここまでくると、大自然は、13世紀と21世紀で殆ど変わりはないのかもしれません。

　やっと、「13世紀村」の入り口を見つけ、とりあえず、食事をすることにしました。

写真42. 謎のやじるし

写真43.「13世紀村」のホーショール

大きなゲル風のレストランで、モンゴル版ピロシキである「ホーショール」を美味しく頂き、トイレを探すと、水洗でもなく穴が開いており、囲いがあるだけでした。13世紀ですから、受け入れるしかありません。

この「13世紀村」にはいくつかのテーマパークがあるのですが、私たちは簡単に拝見して、早々に21世紀のウランバートルに戻ることにしました。

午前中からチンギス・ハーンのテーマパークに、「13世紀村」と、私たちはこの13世紀漬けに疲れてしまったのかもしれません。

そもそも、「13世紀村」も2006年に作られたばかりであり、午前中に訪れたチンギス・ハーンのテーマパーク同様、歴史を学ぶと同時に（それ以上に）今日のモンゴル政治を反映しているのです。

私は、私のゼミ生で唯一のモンゴル国出身であるエナさんに、「このような13世紀主義を、どう思う」と尋ねました。エナさんは「今日のモンゴル国が上手くいっていれば、昔のことばかり誇示しなくてもいいんでしょうが、今のモンゴル国には、チンギス・ハーンと13世紀の誇りが必要なのかもしれません」と答えていました。

確かにその通りなのでしょう。どこの国でも、その国の領土が最大であった時を、「今日」から顧みる「歴史の政治化」はあるので、モンゴル国を批判することはできません。

ただ、幸か不幸か、日本はモンゴル帝国のような大帝国を建設したことは歴史になく、従ってあんなに大きな誰かの銅像を建てることもなく、〇〇世紀村を作ることもありませんでした。そう考えると、待てよJapan As Number Oneであった1980年代が「バブル村」とかでテーマパーク化することはないだろうなぁと想像してしまいました。

前の⇒が本当に「13世紀村」の看板ならば、変わらないことが一番なのかもしれません。そう思いを巡らせながら、公害の都市ウランバートルへの帰路に着きました。どんなに問題があっても、ありのままの今がいい。

訪問記(15)：モンゴル版「国家改造計画」？
【8日目】

　9月9日、予定の最終日、神戸ユネスコ協会の理事5名と学生3名が先に帰国し、関西空港便がキャンセルされ同日に再予約できなかった7名がウランバートルに残りました。一応、この朝、現地解散となりましたので、ここで纏めさせていただきます。

　モンゴル国について、出発前に一度、学生たちと勉強会をしましたが、それ以外は何もせず（基本知識のみで）やってきました。

　世界銀行によれば、2017年においてモンゴル国の1人当たりのGDPは、3,735米ドルであり、ベトナムの2,343ドル、パキスタンの1,548ドル、カンボジアの1,384ドルよりはるかに多く、インドネシアの3,847ドルと遜色がありません。

　モンゴル国のGDPを産業別にみると、モンゴル国では2000年を過ぎて鉱山開発（石炭、銅、金、ウラニウム、モリブデン、鉄鉱石）が進み、2010年代はGDPの15〜25%が鉱物資源となっています（大和総研「がんばれ内陸国」2013年09月12日；National Statics Office）。言い換えれば、地方にある地下資源によって経済成長を遂げていることになります。

　しかしながら、ウランバートルにおける貧富の格差は大きく見えます。世界銀行のジニ係数ランキングでは、世界125位、日本が122位ですから日本よりも良いという数字が出ているのですが、ウランバートルに関しては日本よりもはるかに格差があるように感じます。その理由は、おそらく、スラムのように見えるウランバートルの「ゲル」の集落群を観ればわかります。都市化の失敗なのです。

写真44. モンゴル国鉱業省の投資を呼びかける宣伝

写真45. 2日目に宿泊した大草原のゲルの先に送電線が建っていた

それ故に、モンゴル政府は、地方開発、地方での教育に力を入れています。地方の大自然の下に眠る大資源こそがモンゴル国を支えているのですが、資源のお金が都市を富ませてしまい、地方から人を奪ってしまうのです（政府の努力も実を結んだのか、貧困率は下がっているというデータもあります）。

地方を豊かにするという発想は日本では田中角栄氏の日本列島改造論がありましたが、（資源があるないはともかく）どこの国も発展段階において富の再分配と、「中心（都市）－周辺（地方）」と社会の「上層－下層」において行わなくてはいけないでしょう。

私たちの今回の旅は、ドントゴビ県の大草原の「ゲル」で泊まることから始まりました。そして病める都市ウランバートルの DV を受けた子供シェルターやユネスコスクールを訪れることで、私たちはモンゴル国の現在を直視することができたように思えます。

都市化の問題は、モンゴル国ばかりではありません。世界中の大都市は、その国の格差化の象徴となっていることが多く、東京をはじめ日本の大都市も同じような構造はあると考えます。

グローバル化の中で大都市に富が集中し、同時に格差化していく現象に対して「民」の立場でどうすればいいのか、ボランティアとして何ができるのか、大きな宿題を出されたような気がします。

訪問記（番外編）： 余り物には福がある

【9日目〜11日】

関西空港の閉鎖のため東京着のフライトを再予約したのですが、次に空席があるフライトが 9 月 12 日ということで、15 名のうち 7 名（うち理事が 2 名）が 3 日間、ウランバートルに残留しなければならなくなりました。

実は、帰れない（足止めされている）というプレッシャーは学生も理事（教員）もかなりあり、どのように足止め期間を楽しく過ごすかを 7 日目、8 日目は悩んでいました。

まず、滞在費を抑えるために Airbnb という民泊予約サイトを利用して、一軒家を借りました。大使館街と諸大学に囲まれた閑静な住宅街の一軒家だったのですが、近くに

Emartという韓国系スーパーがあり、日本の食材も売っていたため夕飯は自炊することにしました（私も腕を振るいました）。私たちはチケットが取れず、残留組なのですが、いうなれば、私たちの「ゲル」を作ったつもりでワイワイすることにしました。

9月10日は、食事を作り、2日目は今回の団長役だった唯一のモンゴル人のエナさんの一家を招き、9月11日は大草原のゲルに泊まられて頂いたバトジャルカルさんがウランバートルに来られるということで、お招きしました。

写真46. 皆で作ったベトナム、中国、日本の合作料理？

大した料理は作れませんでしたが、少しでも借りを少し返せたような気分になりました。

私たちの民泊「ゲル」の国籍は、ベトナム、中国、日本ですが、共通語は日本語でした。私が強要したのではなく、皆、日本に留学していますので、共通言語として一番通じるのが日本語だからです。日本国籍は私、1人でしたが、それ故に、国際語としての日本語を考えざるを得ない環境でした。

彼らとウランバートルの町を歩くと、なぜか靴屋の宣伝に使われているトトロや、寿司屋の看板娘の絵が中国人のようだったり、モンゴル国の小学生（訪問したユネスコスクールのモンゲニ校）が書いたちょっと違うようなドラえもんも許されてしまうような感覚に陥ります。なぜか、間違いだらけの日本語も、モンゴルでは注意することが憚れました。

2015年の第一回カンボジア、2016年の第二回カンボジア、2017年のネパール、そして、

（左）写真47. 靴及び靴下のお店の「トトロ」　（中央）写真48. お寿司屋さん
（右）写真49. 「モンゲニ校」の教室に貼られていた「ドラえもん」

今回、2018 年のモンゴル国と、神戸ユネスコ協会の国際ボランティア企画は、計 4 回となりました。次回はベトナム人留学生が中心となって（彼らにとっての母国）ベトナムに行くことが決定しています。

　それぞれの滞在日数は短いけれど、帰国後も関係者と連絡を取り続け、日本、カンボジア、ネパール、モンゴル国、ベトナムの「点」を繋ぎ、「線」にしていければベストだと思います。そのためにも、帰国後が重要になってきます。今後、どのような展開になるのかが楽しみです。

第三部　学生による研究概要

第三部　学生による研究概要

氏名	DAVAADORJ ENKHTSETSEG
学部と学科	日本経済大学神戸三宮キャンパス経済学部 4 年
出身地	モンゴル　ウランバートル市
研究テーマ	モンゴル国における NGO —「魔法の城」を中心に

1　はじめに

　2018 年 9 月 2 日から 9 月 9 日の間、神戸ユネスコ協会主催で 2018 年モンゴル国際ボランティア活動を行うことになった。私にとっては、母国モンゴルでのボランティアとなり、企画の段階から参加し、私が友人と共に支援している首都ウランバートル市内にある「魔法の城」という DV を受けた子供たちのシャルターへの訪問も提案した。改めて、「魔法の城」に皆さんをお連れすることになり、モンゴルの NGO の現状を調査研究する必要を感じることになった。

2　モンゴル国における NGO 事情

　モンゴル国では 1992 年に新国民憲法が成立し、共産主義から民主主義、資本主義体制へ移行した。1997 年には NGO に関する NGO 法が採択され、初めて NGO が誕生した（Byambajav 2006:133-134、前川 2014:169）。2017 年秋においてモンゴル国では 17700（БААСАНЖАВ КОНСАЛТИНГ，2017:50-51）を超える NGO が登録されている。全体の 86％が非営利組織として登録されているが、活動を行っているのはわずか 18.7％だけである（ibid）。2017 年冬期には 17,685 の NGO の内 3,340 団体が一時的に活動を止めており、5,437 団体が活動を停止し、260 団体が完全停止している（ibid）。こういった状況が続き、2018 年 10 月の段階において、モンゴル国内では 19260 の NGO が正式に登録されている（Wikimon, 26 October, 2018）。人口比からこの数字だけを考えれば、モンゴル国は世界で最も NGO が活動し、市民社会が発展した国家であるように見えるが実働団体数は少ない。

　モンゴル政府の政策の影響もある。NGO に対する公的資金援助は、課税対象総会員の 3.9％未満にすぎない（БААСАНЖАВ КОНСАЛТИНГ，2017:51）。政府は税制上の支援をしないため、NGO は外国の団体、個人からの支援に頼っているのが現状である（Wikimon, 26 October, 2018）。逆にいえば、NGO は外国から援助の受け皿になっているともいえる（前川 2014:169）。

45

3 子供のためのシェルター「魔法の城」

　このような状況の中、ウランバートル市内でNGOとして活動している「魔法の城」の例を採り上げて、更にモンゴル国のNGO事情を考えていきたい。「魔法の城」はDVを受けた子供のシェルター、そして貧困家庭の幼児のための保育園として、世界中のモンゴル人の若者の支援によって設立された施設である。

　1992年の民主化以降、資本主義国家として新しい道を歩み始めたモンゴル国では首都ウランバートルへの人口集中や経済格差が加速化し、家庭問題に繋がっていた。家庭の崩壊によって、子供たちが様々な形で肉体的や精神的な被害を受けることになった（長沢・島崎・今岡，2007）。

　この問題に対して、外国に住むモンゴル人若者が立ち上がり、解決策として子供たちを守るシェルターの建設を提案した。具体的には、韓国在住モンゴル人女性が中心となって2016年4月から寄付金運動が始まり、集まった資金で2017年3月に建設が始まる。そして、2017年9月15日にバヤンズルフ区に教育開発センター（保育園）と児童保護センター（被害者保護センター）として2つの建物を建設開始から僅か5ヶ月でオープンすることになった。このような短期で建設できた理由は、50人のボランティアスタッフが中心に動き、子供からお年寄りまでの1500人が建設にボランティアとして携わり、12000人から寄付金（2千332万3000円相当　2019年1月現在）や建設に必要な材料（2千902万1890円相当　2019年1月現在）が集まったからである。

　現在は、保育園に55人、児童保護センターでは14人近く通っており、NGO組織として運営を続けている。しかし、課題も山積している。特に26人いる従業員の給料などの経費は、現在、アメリカモンゴル人会を中心に日本や韓国などの国に滞在するモンゴル人からの寄付で賄っているが、将来的な経営に全く不安がないとはいえない。「魔法の城」はNGOであるからこそ、経済的に自立する必要があり、安定的に経営する方法を模索する必要があるのである。

4 結論

　100パーセント全て政府が管理していた社会主義時代に戻れないとすれば、民主主義における政府は、過去に比べ小さい政府となる。1992年以降のモンゴルにおいて、湧き出る社会問題に対してNGOが生み出されてきたのは、必然であろう。NGOこそは、民主的なモ

ンゴルにおいて市民社会を担っていかなくてはならないのである。しかしながら、実態と
して NGO は市民の期待に答えているとはいえない。無責任な活動や違法収入への疑いは、
NGO への期待を裏切らせる結果となっている。そのような中、海外在住のモンゴル人の若
者の支援によって設立された「魔法の城」は大きな責任を負っている。しかしながら、持
続可能性を求めるには課題も山積しており、今回の訪問によって私自身、非営利団体の経
営研究をより本格化する必要性を実感することになった。モンゴルの市民社会の未熟さを
嘆くよりも、それが現実ならば直視し、海外からでもできることをしなければならないと
考えている。

参考文献

БААСАНЖАВ КОНСАЛТИНГ（2017）ТӨРИЙН БУС БАЙГУУЛЛАГЫН ТУХАЙ

　　ХУУЛИЙГ ШИНЭЧЛЭН НАЙРУУЛАХ ХЭРЭГЦЭЭ, ШААРДЛАГЫН ТАНДАН

　　http://oroltsoo.mn/file/21.pdf (accessed on 31 Jan 2019)

Byambajav.（2006）.NGOs in MONGOLIA-UN Mongolia.　　https://www.mongoliajol.

　　info/index.php/MJIA/article/download/15/15 (accessed on 31 Jan 2019)

長沢孝司・島崎美代子・今岡良子（2007）『著モンゴルのストリートチルドレン―市場経済化の嵐を生きる

　　家族と子どもたち』朱鷺書房

前川愛（2014）「非政府組織（ＮＧＯ）」小長谷・前川編『現代モンゴルを知るための 50 章』明石書店

氏名	温暁亜
学部と学科	日本経済大学経済学部商学科 2018 年卒
出身地	中国山西省
研究テーマ	モンゴル国・ウランバートル市の大気汚染：なぜ、人々は石炭を燃やすのか？

1 問題意識

　私は子供の頃、寝る前にチンギス・ハーンの絵本を読み、果てしない青い空と緑の起伏に富んだ大草原をいつも想像していた。2018 年 9 月、神戸ユネスコ協会の国際ボランティアに参加して子供の頃に抱いたモンゴルに「再会」できるのではないかと期待していた。しかし、ウランバートルに到着し、ホテルへ向かうバスの窓から垣間見れるウランバートル市内は、予想を完全に裏切る大都市だった。そして、同市は世界最悪のレベルの大気汚染に苦しんでいるという。一体、なぜなのだろうか。私の関心は汚染問題に向かった。

2 ゲル集落による大気汚染

　近年、ウランバートル市は今世界で最悪汚染都市の一つとされ、特に冬になるとその悪化が報じられている（産経新聞, 2018）。2016 年 12 月 16 日には、微小粒子状物質（PM2.5）が 1 立方メートル当たり 1985 マイクログラム（WHO の安全値の 80 倍）という最高値を記録した（Ross, 2017）。冬場は、子供の肺炎が増加し、モンゴル全体において乳幼児の死亡原因の第二位（全体の 15%）は肺炎となっている（ibid）。

　近年、モンゴルでは地方から遊牧民を中心に、人々が首都ウランバートルに流入しており、2017 年では、総人口は 318 万人のうち約半数の 145 万人が首都ウランバートルに滞在している（National Statistics Office of Mongolia, 2019）。ウランバートルが大草原で住居していたゲルを用いて住み、「ゲル地区」が出現しており、ウランバートルの人口の約 60%「ゲル」地区に住んでいる（松宮, 2017: 148）[1]。

　ゲル地区では水道、電気、汚水システム、などの基本ライフラインも設備しておらずマ

---

[1]　この点については、安井先生の「訪問記(6)：民間ユネスコ活動と資本主義化、遊牧民の豊さと都市化」（p. 22）でも言及されている。

イナス 30 度、40 度にもなる寒い冬を過ごすために、大量の石炭が暖房用に焚かれ、環境問題が生じているのである（小金澤，2006）。

3　なぜ、石炭を燃やすのか

ゲル地区の一世帯はひと冬 4〜6 トンの石炭と 3〜4 立方メートルの薪を燃料として用いており、市の他の地区の二酸化硫黄（SO_2）は 3 倍、二酸化窒素（NO_2）は 2 倍多くなっている（フフー，2009：9）。

ゲル地区の人々が用いる多くのストーブは遊牧生活用であり、家畜の糞を燃やして煮炊きを使うものであり、石炭向けではない。ウランバートルには十分な家畜の糞がなく、代わりに石炭や薪を燃やすと有害物質が出てしまう（石井，2015：164）。

健康被害にまで達する公害が発生しているのに、なぜ、人々は石炭や薪が必要かと言えば、ゲル地区の住宅環境が悪いことが挙げられる。アパートやマンションはセントラルヒーティングの温水暖房が完備しているが、ゲルを立てただけのゲル地区にはヒーティングシステムはなく、石炭や薪に頼らざるを得ない。石井による 2013 年のゲル地区の 100 戸を対象にした調査によれば、多くのゲル地区住民が「暖房設備の整った集合住宅ができれば石炭を燃やさずに済み、大気汚染問題が解決できる」と答えている（石井，2014：56）。

それではなぜ集合住宅に移らないかと言えば、経済的理由が主である。2008 年においてウランバートル市の 2DK のアパートの分譲価格は 570 万円〜620 万円、3DK は 690 万〜750 万円もし、2008 年においても市民の平均月収は 3 万円（300,000 トゥグルク）であり（フフー，2009：10）、殆ど財産を持たずにゲル住まいをしているゲル地区の住民には高嶺の花である[2]。

4　まとめ

ウランバートル市の環境汚染は、論理的には「貧しい人たちが集中し、石炭と薪を燃やしている」という非常に単純なものであった。しかし、単純であっても、解決できないのである。

---

[2]　これに加えて、モンゴルは資源大国であり、石油価格が非常に安いことも環境問題に追い打ちをかけている。例えば、2013 年において、石炭は 40 キロで 2000〜3000 トゥグルク（現在の価格で 84 円〜126 円）で販売されている（石井，2015：163）。

私の故郷、中国山西省も同様の問題を抱えているため、その難しさを痛感する。しかしこの公害問題が、ゲル地区の住民に限定されずウランバートルやモンゴル全体課題となっており、経済政策を中心とした国家的な取り組みが求められるであろう。そして、教育等を通じて、様々な方法を試みて住民意識の変化を促すしかないのではないだろうか。

参考文献

National Statistics Office of Mongolia（2019）"Mongolian Statistical Information Service",（http://1212.mn/）（accessed 31 January 2019）.

Ross, Eleeanor（2017）"How Deadly Pollution Became one of Mongolia's Biggest Problem", Newsweek, March 2, 2017

小金澤孝昭(2006)「モンゴル・ウランバートルのゲル集落の拡大」『宮城教育大学環境教育研究紀要』第9巻

石井祥子（2014）「ウランバートルにおけるゲル地区再開発計画と住民の反響」『地理』59(8)，pp. 54-61，古今書院

石井祥子（2015）「ウランバートルの急速な都市化とゲル地区再開発計画」石井・鈴木・稲村編『草原と都市』，風媒社.

産経新聞（2018）「最悪レベルの大気汚染続く、モンゴル首都、改善進まず」2018年1月5日

フフー，チンバット（2009a）「モンゴル国・ウランバートル市における住宅政策におけるゲル地区問題」『住宅着工統計』2009年4月.

松宮邑子（2017）「ウランバートル市におけるゲル地区居住者の居住経歴」『文学研究論集』第46号.

氏名	LE THI HONG VAN
学部と学科	日本経済大学神戸三宮キャンパス経済学部3年
出身地	ベトナム　ニントゥアン省
研究テーマ	**ゾドとは何か：モンゴル国の自然災害の例として**

1　問題意識

　私は今回の神戸ユネスコ協会のモンゴル国際ボランティアに参加して、初めてモンゴル国に行った。ボランティアの合間に、ドントゴビ県の大草原で遊牧民のゲルに泊まることができ、すばらしい体験ができた。その時に、遊牧民の方々が今年は雨が降ったので去年よりも草が生えて助かっていると話していた。雨が降ると、草が生え、動物たちが夏の間影響を受け、マイナス40度にもなる冬の寒さに備えることができるとのことだった。

　モンゴル国には、ゾドと呼ばれる寒雪害があり、数年に一度、大きな被害を与えている。特に2000年と2010年に発生したゾドでは、寒すぎたため家畜がたくさん死んでしまい、多くの遊牧民が遊牧できなくなってしまった。私の母国、ベトナムでも自然災害は多く発生しており、ゾドを学んで自然災害対策への知識を深めたいと考えた。

2　ゾドの定義と特徴

　モンゴル国には、大吹雪、砂嵐、ゾド、雨水洪水、地震、野火、干ばつ、砂漠化など様々な災害がある。ここではその中でも近年、大きな被害が出ているゾドについて調べたい。

　多くの先行研究が（塩見2001，バトゥール2005，尾崎2011等）、ゾド（Dzud）の定義について言及しているが、統一的な定義は見られない。ここでは、尾崎（2011）が訳した「寒雪害」という言葉を踏襲し、ゾドは冬春季の劣悪な気象条件によって家畜が大量死する自然災害を指す。

　ゾドの発生原因は複合的であり、積雪が深すぎて牧草が食べられなくなる「白いゾド」、積雪が少ないことから飲み水がなくなる「黒いゾド」、降った雪が一度溶けながら、その後、更に厚く再氷結することで、草が水が摂取できなくなる「鉄のゾド」等がある（森永・篠田，2003：573）。ゾドの背景として、夏の干ばつによって牧草の育成状況の悪化し、冬場の干し草不足が生じて、被害を悪化させることも見逃せない（森永・篠田 2003：576；中村 2015：73）。

3 2000-2002 年ゾド・2010 年のゾドの被害状況

ゾドは 2000 年前の記録にもある程、モンゴル国で繰り返し襲ってきた自然災害であり（小宮山, 2005:75）、1940 年以降に限定しても約 10 年に 1 度、大規模な発生を見ている（神谷・松本・上原・小宮山, 2011:861）。

しかし、近年、史上最悪という被害が続いている。例えば、2000 年-2002 年に発生したゾドは、歴史的な被害を与えている（同上）。2000 年は前年に比べ家畜 334 万頭（全体の 10%）、2001 年は 415 万頭（14%）、2002 年は 218 万頭（全体の 10%）が減少し、1999 年に比較して 3 年間で 967 万頭（29%）の減少となっている（小宮山, 2005:77）。

更に、2010 年のゾドも単年としては過去最悪となった（杜・篠田・小宮山・尾崎・鈴木 2017:1）。2010 年 1〜6 月までの間にモンゴル国全体で死亡した家畜頭数は、約 973 万頭であり、2009 年 12 月の総家畜頭数 4,400 万頭の 22% に相当する。（神谷・松本・上原・小宮山, 2011:861）。2010 年 4 月時点で、全牧民世帯 17 万世帯の約 5% に相当する 8,711 世帯が全家畜を失った（同上）。

2000 年のゾドも 2010 年のゾドも、要因としては積雪、寒さ、遠因として夏の間の干ばつなどの自然現象が主であるが（中村 2015:73）、市場経済移行後の牧民世帯数の急増に伴う家畜数の大幅な増加という人為的な問題も挙げられている（小宮山 2005:82 ; 神谷・松本・上原・小宮山 2011:859-860 ; 杜・篠田・小宮山・尾崎・鈴木 2017:6）。

1989 年から 1992 年の民主化運動の結果、モンゴルには市場主義が導入され、国民の多くに社会主義時代に共有財産であった家畜が分配される。その結果、民主化以前において遊牧民の就業人口は 3 割であったが、遊牧民の数が増え、1998 年には 48.7% にまで至る（冨田, 2013: 571-573）。家畜の総数も比例して増加し、1987 年の 2274 万頭から 2007 年には 4000 万頭に増加している（冨田, 2013: 571-573）。このように遊牧民と家畜が増加したところで、ゾドが発生し、大被害が発生したのである。

4 まとめ

モンゴル国のゾドは自然現象であるが、社会的な要因もある。過放牧であったことが被害を大きくしているのである。ただ、2000 年−2002 年のゾドの際は、家畜数を増した県もある。例えば、セレンゲ県は、1999 年と比較してゾド期に 6 万頭（10%）、遊牧世帯も 22,000 世帯から 32,000 世帯に増加している（小宮山, 2005:81）。また、スフバートル県やドルノ

ド県も家畜数、遊牧民数とも微増していた（同上）。理由としては他県からの流入が多いことがあるが、植生が多い地域であることも挙げられている（同上）。

　ゾドによって被害が拡大した地域が多い中、上記の社会的な課題が自然の豊かさによって救われたケースもあり、自然との協調がいかに重要かを改めて感じる。台風の多いベトナムでも同様であるが、厳しい自然といかに共に生きていくかは世界共通の課題である。

参考文献：

尾崎孝広（2011）「ゾド(寒雪害)とモンゴル地方社会--2009/2010 年冬のボルガン県の事例」『鹿大史学』
　　（58），pp. 15-33, 鹿児島大学.

神谷康雄・松本武司・上原有恒・小宮山博（2011）「モンゴル国におけるゾド（雪寒害）の発生」『畜産
　　の研究』65 巻 8 号.

小宮山博（2005）「モンゴル国畜産業が蒙った 2000 年〜2002 年ゾド（雪寒害）の実態『日本モンゴル学
　　会紀要』第 35 号.

塩見英恵（2001）「モンゴル国における 2000 年春のゾド報道から見えるもの」『モンゴル研究』（19），
　　pp. 63-79, モンゴル研究会.

杜春玲・篠田雅人・小宮山博・尾崎孝宏・鈴木康平（2017）「気象災害の地域差を社会的要因—モンゴル
　　における 2009/2010 年ゾド被害の場合—」『砂漠研究』(27).

冨田敬大（2013）「モンゴル牧畜社会における二つの近代化」天田・角崎・櫻井編『体制の歴史－時代の
　　線を引き直す』洛北出版.

中村洋（2015）「モンゴル国における自然災害によるかしく死亡要因の分析」『国際開発研究』第 24 巻第
　　2 号.

バトゥール・ソイルカム（2005）「モンゴル牧民経営の展開とゾド対応に関する考察―1990 年代以降の市
　　場経済化過程を対象に」『農業経営研究』（31），pp. 1-21.

森永由紀, 篠田雅人（2003）「モンゴルの自然災害ゾド―気候学からみたモンゴル高原」『科学』73(5)
　　（通号 849）pp. 573-577.

氏名	LE THI DUNG
学部と学科	日本経済大学神戸三宮キャンパス経済学部 2 年
出身地	ベトナム タインホア省
研究テーマ	モンゴル国における日本語教科書の現状について：なぜ、教科書を使わないのか

1 はじめに

今回のモンゴル国際ボランティアに参加して特に印象的であったのは、モンゴル国のユネスコスクールである「モンゲニ校」を訪問し、日本語の授業を聴講したことである。モンゴル語は日本語と類似性があると言われているが（金岡, 2012:103）、キリル文字を用いている非漢字語であり、学習するには決して易しくない。しかし、同校の日本語コースでは小学校 1 年生から高校 3 年生まで日本語を一生懸命勉強していた。私自身、母語は非漢字であるベトナム語であり、ベトナムで日本語を学んで、日本に留学したこともあり、帰国後、モンゴル国の日本語教育について研究したいと考えた。

2 モンゲニ校の授業内容

まず、見学したモンゲニ校の日本語の授業を簡単に紹介する。私たちが見学したのは小学校 4 年生の日本語クラスだったが、その日の出席者は 8 人（在籍は 9 名）であった。授業では、まず、先生がひらがなで国名の「もんごる」の文字を復習し、それからカタカナの「モ」「ン」「ゴ」「ル」と一字ずつ導入し、説明した。その後、学生達がカタカナで、自分の名前の文字を書き、その中に、「モ」「ン」「ゴ」「ル」のいずれかの文字が入っているかを先生が見つけさせた。例えば、「マルガト」君は、「ル」が共通している。

ここから分かることは、意味よりも絵的に日本語を捉えようとする指導であった。これは、モンゴル国における日本語の指導方法が、絵や図などを用いたビジュアル重視であることの影響であろう（ヒシグデルゲル, 2012:22）。

また、もう一つの特徴としては、特定の日本語の教科書を用いていなかった点である。モンゴル国において日本語の教科書は存在しているが、同校では敢えて使用していなかった可能性が考えられる。それはなぜだろうか。

以上の問題意識に基づいて、モンゴル国における日本語教科書の事情を調べ、私自身が

使った日本語教科書ー『みんなの日本語』と比較してみたい。

3　モンゴル国における日本語教科書の現状

　片桐・スレン・ダワー・中西・浮田・牧（2016）によると、モンゴル国では、日本語の学習者の約70％が初中等教育に所属しているが、統一したシラバスや教材はなかった。そこで、モンゴル日本語教師会はモンゴル日本語教育スタンダードを決め、同時に、教科書シリーズ『にほんご　できるモン』を開発することとしたという（pp. 57-58）。

　同スタンダードの理念は、(1) 社会の中で自分の考えを自由に表現し、相互理解するのに必要な外国語能力を育成する、(2) 子供たちが自分自身の力で学習を進めていく能力を育成するという2つの特徴がある（p. 62）。

　新教科書に関しては、教師とのやり取りから教科書が改善でき、学習者自身も話す能力の向上を感じているという報告の一方で、教師には「書くことが学習である」という従来からのビリーフがあり、教科書が変わっても新しい教え方にならない等の課題がある（pp. 68-69）。

　そのような課題が原因にあり、モンゲ二校は日本語教科書を用いずに、学習者の身近にあるものを利用して、五十音順ではない順番でカタカナを導入していると考えられる。それが私自身の学習経験と大きく異なっている。次節で詳しく考えていきたい。

4　私自身の学習経験との比較—『みんなの日本語』を用いた日本語学習

　私がベトナムで日本語を勉強し始めたときは、『みんなの日本語』を使って、「あいうえお」順から習っていた。モンゲ二校の授業仕方に比べて、学習者の年齢、ニーズや目的が配慮されておらず、面白さが欠ける丸暗記になってしまう可能性がある。その一方、「あいうえお」順で勉強するほうが体系的であり、学習効果が高く、学習スピードも早いと思う。モンゲル校の学生が週2時間近くの学習機会とはいえ、3、4年間日本語を学んでいるにもかかわらず、カタカナの導入段階にすぎなかったことも裏付けている。

　また、日本語のレベルが高くなり、日本の日本語学校に来た後でも、『みんなの日本語』を用いて勉強していた。スリーエーネットワークのホームページによると、『みんなの日本語』の特徴として、(1) 一般成人を対象とし、(2) 基本的な文型をやさしいものから難しいものへと積み上げ、(3) 聞くこと、話すことを中心に学習する等が挙げられている。私

自身の経験から言うと、『みんなの日本語』を用いて勉強することによって、日常生活に使う単語や文法が勉強でき、初級段階から簡単な会話もできたため、学習意欲が高かった。

　さらに、私自身は元々漢字が苦手だが、マンガを読むことが好きなので、マンガが読めるようになるために、一生懸命漢字を勉強していた。そう考えると、日本語教科書だけではなく、授業中に日本の文化が勉強できるマンガや映画などの生教材も併用したら、学生のモチベーションが維持でき、日本語学習に好影響を与えるのではないかと思う。

5　まとめ

　今回、初めて日本と私の母国以外の国で日本語を学ぶ人たちに会った。彼らの日本語授業は大変興味深く、ベトナムで学んでいた頃の自分を思い出さずにはいられなかった。教科書の有無、教え方の違いはある。しかしながら、色々な国で日本語が学ばれていることを知り、私の興味は、日本から日本語を学ぶ人たちの世界に広がった。

　今後、海外での日本語教育の展開や日本語教科書の比較考察を自分の研究テーマとしていきたい。

参考文献

片桐準二・スレンドルゴル・ダワーオユンゲル・中西令子・浮田久美子・牧久美子（2016）「モンゴルにおける初中等教育機関向け日本語教科書の開発—プロフィシェンシー重視と自立学習支援への取り組み」『国際交流基金日本語教育紀要』(12), pp. 57-72.

金岡秀郎（2012）『モンゴルを知るための 65 章』明石書店.

国際交流基金（2015）「日本語教育　モンゴル（2015 年度）」
　　https://www.jpf.go.jp/j/project/japanese/survey/area/country/2017/mongolia.htm（2019 年 2 月 8 日
　　閲覧）.

スリーエーネットワークのホームページ「『みんなの日本語シリーズ（初級)』について」
　　http://www.3anet.co.jp/ja/141/（2019 年 2 月 8 日　閲覧）.

ヒシグデルデル B (2012)「モンゴルにおける日本語教育の現状と課題」『モンゴル研究』(27), pp. 19-23,
　　モンゴル研究会編.

氏名	DUONG THI HONG
学部と学科	日本経済大学神戸三宮キャンパス経済学部1年
出身地	ベトナム タイグェン省
研究テーマ	モンゴル国のマンホールチルドレン

1 問題意識

モンゴル国に行く前、映画を通じて私が知ったモンゴル国は広々と開けた草原があり、人々は正直で私に親切だということだけだった。

2018年9月2日から9月9日の間、神戸ユネスコ協会の国際ボランティアに参加してモンゴル国に行った。首都ウランバートルで、私が見たものは、映画とは全く別だった。

私たちは「魔法の城」というDVを受けた子供たちのシェルターを訪問した。可愛い子供たちを見て、私はこの子たちの親は、なぜこの可愛い無邪気な子供を放棄することができたのか理解できなかった。

しかし、この子供たちは「魔法の城」があるだけ良いことが後で分かった。モンゴル国にはマンホールに住む子供たち―「マンホール・チルドレン」が存在しているからである。

2 マンホール・チルドレンとは?

文字通り、マンホールで暮らしているホームレスの子供たちを「マンホール・チルドレン」と呼ぶ。なぜ、マンホールなのか。モンゴル国の冬はマイナス30度まで気温が下がり、路上にいたら凍え死んでしまう。モンゴル国のマンホールの中は、温水パイプが張り巡らされており、マンホールの中は少なくても温かいことから、そこで暮らしているのである（CBS News 2000；長沢・今岡・島崎 2007）。しかし、マンホールの中は光も入らず衛生状態も悪いため、病気になったりするリスクは高いと指摘されている（照屋, 2014）。

3 国やNGOの取り組み

マンホールから子供たちを保護するために、都市には孤児院が多数設置されている。2010年現在、政府系と民間NGOをあわせモンゴル国に孤児院は43施設ある（NGOユイマール, 2018）。ウランバートルにある子供住居センターは日常的にマンホールや路上を見回り、子供たちを保護する活動を行っている（同上）。保護された子供は2週間から1ヶ月の間、同

センターで身元調査が行われ、身寄りのある子供は親元へ、身寄りのない子供は「魔法の城」のような孤児院へ保護される。

　以上のように、国をあげて子供たちを保護する取り組みを行っており、1990年−2000年には 3000 人〜4000 人いたと言われている「マンホール・チルドレン」は（The Economist, 2000）。現在は、子供たちが大人になり、数百人にまで減少しているが、調べると問題が解決した訳ではないことが分かった。

4　マンホール・チルドレンの社会的な原因は？

　モンゴル国に「マンホール・チルドレン」が生み出された背景に、特殊な経済的理由があると言われている。モンゴル国は、1924年から70年間、社会主義国であり、その間、モンゴル国は COMECON（社会主義国の経済協力機構）の加盟国であり、GDP の約15％に相当する財政赤字をソ連の援助によって補填していた（外務省, 2014）。その後、ソ連が崩壊し、ソ連からの支援も途絶えたため、モンゴル国内の経済は崩壊し、1990年から1994年にかけて累積的に20％の GDP 下落を経験することになる（JICA, 2004:51）。そして、急激な経済の悪化により、親が急に貧しくなったり、心が荒んだりして、捨てられる子供やアルコール中毒による虐待などを避けて家から逃げ出す子供が増加したのである。

　モンゴル政府も対策を講じている。社会福祉担当者は、人が街なかで暮らす子供たち一人一人の状況を把握し、警察とも協力してストリートチルドレンを保護している（日本ユニセフ協会, 1999:5）。保護された子供たちは身元確認センターと呼ばれる警察が運営するセンターに収容され、家庭環境や教育を受けた度合いについての調査や健康診断などが行われた後、住所が確定した子供はできる限り、家庭に戻し、そのほかの子供は孤児院などの施設が受け入ることになる（同上）。

　しかし、法律の未整備や財政的理由から、孤児院も十分に必要なケアを子供たちに与えているとは決して言えない。そもそも、孤児院には18歳までしかいられないため、実際、孤児院を卒業した98％がまた路上生活に戻り、マンホールアダルトに変化している。そして、マンホールで新しい子供が生まれるような、「貧困のサイクル」（NGO ユイマール, 2018）が発生している。

5 結論

　経済的な理由を考察するのなら、この問題はモンゴル国だけでなく、同じような経済問題を抱える世界の他の多くの国々でも起きているのではないだろうか。

　どのような理由であれ、無邪気な子供たちには罪はない。そうならば、子供たちを助けるための最良の方法を見つけなければいけない。

　私自身、どうしたらよいのか。モンゴル国で貰った大きな宿題をこれからの学生生活の課題にしたい。

参考文献

CBS News (2000) "The Children under the Street" Jan 24th 2000.

The Economist (2000) "Living in a Manhole" Jan 20th 2000.

NGO ユイマール（2018）「マンホールチルドレンとは」

　　　http://yuimar.org/manhole-children/manholechildren/（2019 年 1 月 10 日　閲覧）.

外務省（2014）「第 1 章モンゴルの社会経済概況」『政府開発援助 ODA ホームページ』

　　　https://www.mofa.go.jp/mofaj/gaiko/oda/shiryo/hyouka/kunibetu/gai/h12gai/h12gai011.html

　　　（2019 年 1 月 10 日　閲覧）.

JICA（2004）『国際協力機構年報 2004』国際協力機構.

照屋朋子（2014）「NGO ユイマール代表　照屋朋子【第 1 回】「マンホールチルドレンを知っていますか？」

　　　モンゴルの街中より」『現代ビジネス』2014 年 4 月 30 日 https://gendai.ismedia.jp/articles/-/39135

　　　（2019 年 1 月 10 日　閲覧）.

長沢孝司・今岡良子・島崎美代子（2007）『モンゴルのストリートチルドレン：市場経済化の嵐を生きる家族と子どもたち』朱鷺書房.

日本ユニセフ協会（1999）「ユニセフ子ども物語」『Teachers' Network 通信』13 号.

第四部　研究報告

第四部　研究報告

モンゴル国における初中等日本語教育の現状と課題

陳　秀茵

1　はじめに

　2018 年 9 月 2 日から 9 月 9 日の間、神戸ユネスコ協会・日本経済大学神戸三宮キャンパスユネスコクラブが主催した「2018 年モンゴル国際ボランティア」に参加し、ウランバートル市に滞在した。企画として現地のユネスコスクール[1]を訪れ、日本語コースの教師と学生と交流し、日本語授業を見学した。短期であったが現場に触れることによって、モンゴル国における日本語教育の課題を実感した。

　日本語コースに在籍し、日本語を第一外国語として 11 年間学習した学生が、日本語能力試験 N4 に合格したかしていないかぐらいのレベルであったことが注目された。学習歴の割にはレベルが高くなく、同校の中国語コースの学生よりもレベルがはるかに低いイメージを覚えた。そのような状況を起こした理由はなぜだろうか。それを知るために、モンゴル国における日本語教育の状況や学校のカリキュラム、教育方針、学生の学習目的、学習上の困難点等に着目した。

　以上の問題意識を持ち、本稿ではまずモンゴル国における日本語教育の史的変遷を整理し、全体の状況を把握する。次に日本語コースの先生と学生へインタビューした結果、日本語授業見学の覚書を考察・分析し、11 年間勉強して N4 レベルである理由を探る[2]。

2　モンゴル国における日本語教育の沿革

　モンゴル国における日本語教育の現状と課題を見るために、まず、モンゴル国における日本語教育の歴史的変遷を簡単に整理する。

　モンゴル国と日本との国交は 1972 年に樹立され、さらに 1974 年に文化交流取極が締結された（駐日モンゴル国大使館のホームページによる）。それに伴い、モンゴル国における日本語教育も発足した。ここでは、モンゴル国における日本語教育の沿革において、ター

---

[1]　ユネスコスクールは、ユネスコ憲章に示されたユネスコの理念を実現するため、平和や国際的な連携を実践する学校である。現在モンゴル国において 12 校登録されている。

[2]　陳（2019）ではモンゴル国からの労働者の日本語教育を前提として、モンゴル国における日本語教育の史的変遷を詳しく整理・考察した。本稿ではその結果を簡単に提示した上で（2. と 3.）、学校訪問と授業見学について詳しく報告し、モンゴル国における初中等日本語教育の現状と課題に着目している。

【表1】モンゴル国における日本語教育の史的変遷

年	内容
1975	モンゴル国立大学文化学部モンゴル語学学科に副専攻としての日本語コースが開設
1976	日本への語学留学生の派遣が開始
1990	・モンゴル国立大学の日本語コースが日本語学科として独立し、主専攻科目となった ・国立第 23 番学校で初等・中等教育レベルとして日本語教育が開始（当初は大阪外国語大学の学生、個人ボランティア等が日本語を指導）
1992	・モンゴルで初めての JOCV 日本語教師隊員が第 23 学校に派遣 ・外国語教育を主とする私立大学が設立され始め、その多くで日本語学科を設置
1993	・子供宮殿で学校の生徒を対象にした日本語サークルが開始 ・「モンゴル日本語教師会」が設立
1994	ナヒャー日本語教室（高学年の生徒と社会人を対象にしている）が開設
2000	日本式学校の創設（新モンゴル高校）
2001	ウランバートル市内にて日本語能力試験を実施開始
2002	・「モンゴル日本人開発センター」が開設 ・私費留学試験を実施開始
2005	大学の入試科目から日本語が外れる（語学はロシア語か英語から選択）
2006	モンゴル国立大学法学部内に名古屋大学の日本法教育センターが開設
2007	「モンゴル日本語教育研究会」が設立され、10 月に「日本語教育シンポジウム」を開催
2008	・実用日本語検定（J.TEST）を実施開始 ・国立看護学校と IT 技術者養成コースにて日本語教育開始
2014	モンゴル日本語教育スタンダード準拠教材の開発

ニングポイントとなった主要な事項を表1[3]のようにまとめた。

　表1のように、モンゴル国における日本語教育は、1975 年にモンゴル国立大学文化学部副専攻として日本語コースが開設されたことに始まる[4]。1989 年にモンゴル国が民主化され、モンゴル国と日本と両国の関係が急速に発展したことを機に、モンゴル国における日

---

[3]　国際交流基金の国別情報・モンゴル国の「日本語教育略史」に基づいて、先行研究を参考にして特筆すべきことを加え、筆者が作成した。

[4]　それ以前に、ソ連や内モンゴル、満洲国等で日本語を学び、通訳等として活躍していた例があったという。（宮前, 2016）

本語教育も飛躍的に発展した。例えば、1990 年に初めて日本語学科が主専攻科目となり、日本語専門家が必要とされるようになった状況が伺える。また、同年に初等・中等教育における日本語教育も開始された。そして、学校教育以外の日本語教育も始まり、1993 年に子供宮殿[5]の日本語サークルと 1994 年にナヒャー日本語教室が開設され、モンゴル国において日本語教育がより一般人向けの言語となるきっかけとなった。これらはモンゴル国の日本語教育史における分岐点であり、以降の発展への大きなステップとなったと言える。

3　日本語教育の現状[6]

　以上の史的変遷を踏まえ、日本語教育機関数・教師数・学習者数がどのように変化するか、日本に在籍するモンゴル人留学生の変化にどのような傾向が見られるかをデータに基づいて考察・分析する。

3.1　日本語教育機関数・教師数・学習者数の推移

　1975 年から 2015 年までの国際交流基金によるモンゴル国における日本語教育機関調査結果を表 2 にまとめて示す。

　2. で示したように、モンゴル国における日本語教育史は、モンゴル国の政治体制の移行を分岐点として考えられ、「1975〜1989」と「1989〜」の 2 段階に分けることができる。第 1 段階の 1989 年以前、モンゴル国立大学文化学部に副専攻として開設された日本語コースが唯一の日本語教育機関となっていた。その十数年の間に、教師数が増加したにもかかわらず、学習者数が僅か 15 人前後にとどまり、ほとんど変わらなかった。第 2 段階において、1990 年から 2015 年にかけては、日本語教育機関数は 3 校から 76 校へ（25 倍）、数は 12 人から 253 人（21 倍）、学習者数は 66 から 9914 人（150 倍）へと急激に増加した。その中に、変化が特に顕著なのは 1993 年〜2006 年の十数年である。

　1989 年にモンゴル国が民主化・市場経済化された後、モンゴル国と日本の関係が急速に発展した。駐日モンゴル国大使館のホームページと国際交流基金の日本語教育国別情報によると、1991 年以降、両国の間に、「日本週間」「モンゴル週間」など、また、2006 年には

---

[5]　子どもを対象に語学や芸術などのクラスを開講する課外教室である（守山，2001）。
[6]　この節の内容は陳（2019）が詳しく紹介している。

「日本におけるモンゴル年」、2007年には「モンゴルにおける日本年」のため、両国間の芸術・文化行事なども多く行われた。さらに、90年代後半から21世紀にかけてアニメ、漫画、日本食など世界中で日本ブームが起こったが[7]、モンゴル国にも影響を及ぼしたと考えられる。そのように、両国間に文化・科学・教育・経済など多面的な交流・協力が深まることによって、モンゴル国において日本語専門家の需要、また、その養成の必要性が高まり日本語学習ブームが訪れたと推測される。

ただし、表2のように、2006年に比べて2009年以降は日本語教育機関数・教師数・学習者数のいずれも減少傾向が見られた。その理由を詳しく考察するため、「初中等教育」「高等教育」「学校教育以外」[8]別の内訳を図1に示す。

【表2】日本語教育機関数・教師数・学習者数の変化

年	機関数（校）	教師数（人）	学習者数（人）
1975	1	1	15
1980	1	3	16
1985	1	3	13
1990	3	12	66
1993	7	21	756
1998	24	76	2873
2003	67	199	9080
2006	90	354	12620
2009	66	238	11604
2012	59	192	8159
2015	76	253	9914

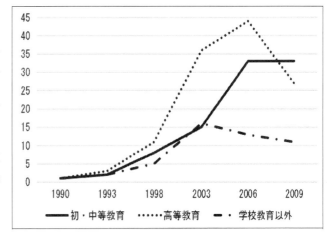

【図1】日本語教育機関数の推移

---

[7] 例えば、バイゼル・シャラー（2017）は日本アニメが90年代から活発に海外に進出し、2000年頃からインターネットの普及により、世界中で簡単に見られるようになったと述べている。

[8] 国際交流基金の日本語教育機関調査報告書に基づく。「初中等教育機関」は日本の小学校、中学校（前期中等教育）、高等学校（後期中等教育）にあたる学校教育機関であり、「高等教育機関」は日本の大学院、大学、短期大学、高等専門学校にあたる学校教育機関である。「学校教育以外の機関」は上記に含まれない機関であり、例えば、民間の語学学校、日系人子弟対象の日本語学校、国際交流基金などが行っている一般向けの日本語講座、などが含まれている。

図 1[9]に見られるように、初中等教育と高等教育の日本語教育機関数は2006年までに急増する一方である。1992年頃から多くの大学で日本語学科が開設され、新たに設立された外国語教育を中心とした私立単科大学においても日本語学科が設置された。初中等教育に関してはもともと早期専門教育を実施してきたロシア語教育特別学校

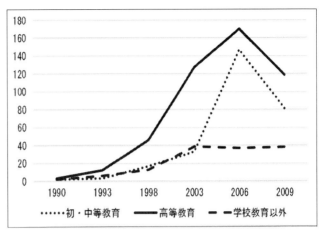

【図2】日本語教師数の推移

等が外国語専門学校となることで、日本語教育の受け皿となった（国際交流基金，2017）ことが理由として考えられる。

　一方、2006年から初中等教育機関数は変化していないのに対して、高等教育の機関数は著しく減少した。それは、2007年にモンゴル教育文化科学省が打ち出した「高等教育機関改善方針」による影響だと考えられる。1989年モンゴルの政治体制が移行して以来、大学の数が急増し、それに伴う教育のクオリティーの低下が教育問題として多くの先行研究でも言及されている（宮前，2009；仲律，2011；ウラムバヤル，2011等）。そのような状況の下、2007年にモンゴル教育文化科学省はモンゴル国の各大学の教育の質を向上させるため、「高等教育機関改善方針」を発表した（ウラムバヤル，2011）。この方針により、大学の統廃合や、教育資源の再配置など、一連の教育改革が行われた。その結果、大学（特に私立大学）が減少したと考えられる。

　また、図2からわかるように、教師数に関しては、初中等教育でも高等教育でも2006年から大いに減る傾向が見られた。大学入学試験の外国語選択科目となっていた日本語が2005年から除外されたことと、私立大学の減少のほか、教師の担当授業が多いこと（授業時間数が給料に反映する）、待遇がよくないこと[10]、教師が専門性を持っていないこと、教

---

[9] 2012年と2015年の報告書では、機関数と教師数は全体の総数のみ公開されているため、図1と図2は2009年までに示す。また、国際交流基金(2011)では、2009年に初中等教育・高等教育・学校教育以外・複数段階教育の4段階に分けて調査されている。「複数段階教育」の状況が明示されていないため、2009年の初中等教育の機関数・教師数・学習者数は宮前（2009）も参考にした。

[10] Oyungerel Tudev1・Gerelmaa Damba1（2015）によると、教師の平均月給は392.1ドルにすぎず、

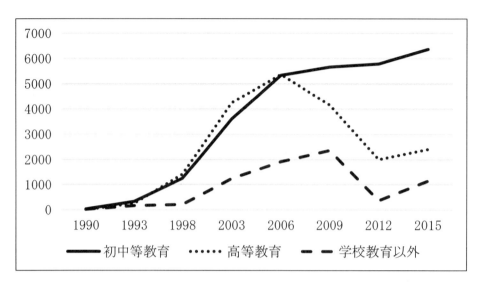

【図3】日本語学習者数の推移

師養成・育成の体制が整っていないこと等（国際交流基金，2017）が原因として挙げられる。筆者がウランバートル市に滞在した際に、ウランバートル市内において教師のストライキが続いていた。関係者の話によると、地方からの生徒が急増したが、教育環境が整っていないため、1日3部制で授業を実施している公立学校（特に初等教育）が少なくない。それにより、教員の待遇改善や学校施設の改善などが求められているそうである。

　最後に、図3の日本語学習者数の推移について考える。上記に述べたように、新たな日本語教育機関が開設・設置されたことが、日本語学習者数の増加に好影響を及ぼしたと考えられる。しかし、全体として学習者数は2006年からやや伸び悩みの状況である。特に高等教育における学習者数は2009年の4155人から2012年の2002人に減ったことが注目される。大学入学試験への導入や就職先の増加等、日本語教育を取り巻く環境が好転しない限り、減少傾向が持続すると予測されている（国際交流基金，2017）。

　それに対して、初中等教育における日本語教育学習者数は2006年以降でも増加し続いている。モンゴル国における日本語教育学習者数の全体において、初中等教育学習者数が占める割合は、2009年の49％から2012年の70％、2015年の64％に増加した。それはモンゴル国において富裕層が増え[11]、「低学年（小学校1、2年生）から子どもに外国語を学

　　工業（374.4ドル）と農業（222.6ドル）よりやや高い程度であることがわかる。
[11]　The World Bank Dataによると、モンゴル国の1人当たりGDPは2000年の474.21ドルから2010年の717.899ドル、2017年の3735.164ドルに増加した（https://data.worldbank.org/country/mongolia）。

ばせたい」（ラムバヤル，2011）という外国語教育に対する意識の高まり及び新しい外国語
教育方針による影響だと考えられる。今回見学したユネスコスクール—モンゲニ校でも新
しい外国語教育方針に基づいて、日本語を第一外国語として選択し、1 年生から日本語を
学び始め、高校を卒業するまでに日本語・英語・ロシア語の 3 言語を学習することになる学
生がいる。しかし、そのような外国語教育制度にいろいろな問題点が見られる。詳しくは
4. で述べる [12]。

　以上では、モンゴル国における日本語教育機関数・教師数・学習者数の推移について考
察・分析した。以下では、日本へのモンゴル人留学生数の推移という側面からモンゴル国
における日本語教育の現状について考える。

3.2　日本に在籍するモンゴル人留学生数の推移

　在モンゴル日本大使館（2015）と、独立行政法人日本学生支援機構（JASSO）の「外国人
留学生在籍状況調査結果」（1998 年〜2017 年）に基づいて、日本に在籍するモンゴル人留
学生数の推移を表 3、図 4 に整理した。

　表 3 と図 4 に示したように、日本に在籍するモンゴル人留学生数は 1991 年から徐々に
増え、2006 年には 1000 人を超え、さらに 2013 年から現在に至っては急激に増加した。独

【表 3】日本に在籍するモンゴル人留学生数の推移

年	留学生数	年	留学生数	年	留学生数	年	留学生数	年	留学生数
1991	19	1997	188	2003	714	2009	1215	2015	1843
1992	27	1998	308	2004	806	2010	1282	2016	2184
1993	53	1999	284	2005	924	2011	1170	2017	2517
1994	84	2000	342	2006	1006	2012	1114		
1995	117	2001	389	2007	1110	2013	1402		
1996	159	2002	544	2008	1145	2014	1548		

---

[12]　モンゴル国では、2007 年度より、新しい外国語教育方針に基づいて、英語が第一必修外国語として、
　　ロシア語が第二必修外国語として教えられている。ただし、外国語専門学校（特に外国語教育に力を入
　　れている学校）では、低学年時より第一外国語として選択した外国語を必修として教え、通常校と同様
　　に 4 年生より英語を、7 年生から 3 年間はロシア語を必修として教えている。そのような社会背景と制
　　度が初中等日本語学習者数の増加に大きな影響を与えたと考えられる。

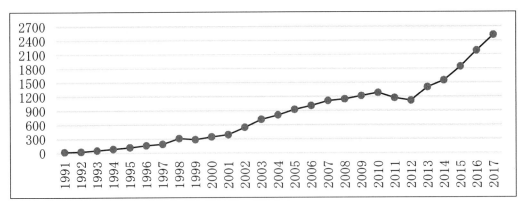

【図4】日本に在籍するモンゴル人留学生数の推移

立行政法人国際協力機構（JICA）(2013:99) では、日本へのモンゴル人留学生は、1989年以前は政治的な理由から外交官や研究者など限定された分野のみであったと記録されている。政治体制が移行した後、経済発展に伴って、ドイツやロシア、中国、オーストラリア等様々な国への留学ブールを迎え（宮前, 2011）、そのような背景の下、日本への留学生も徐々に増加するようになったと考えられる[13]。

また、2012年からそれまでにないスピードで急増する傾向が見られた。上述したように、モンゴル国の経済発展に伴って私費留学生が増加したことが理由の一つであろうが、2014年にモンゴル国と日本の間に締結された「工学系高等教育支援事業」による影響も大きいと考えられる。鉱物資源開発に必要な人材不足問題を解決するため、工学系教育機関の機能強化や日本への留学を通じて同国工学系産業人材の育成を支援するため、2023年までに75億35000万を教育への有償資金協力という形で、1000人以上の学生・教師を段階的に育成する事業である。そのプログラムを通して、毎年訪日するモンゴル人留学生が持続的に増加していると考えられる。

さらに、日本に在籍する留学生数の推移とモンゴル国における日本語学習者数の推移を図5のように比較した。

前節で言及したように、モンゴル国における日本語学習者数は2006年から横ばい傾向にあり、2009年からは減少傾向が見られた。それに対して、日本に在籍するモンゴル人留学生数は増加する一方である。

---

[13] 日本政府の奨学金も様々な分野から年間20名以上留学生を支援するようになった（宮前2011, 在モンゴル日本大使館2015）。

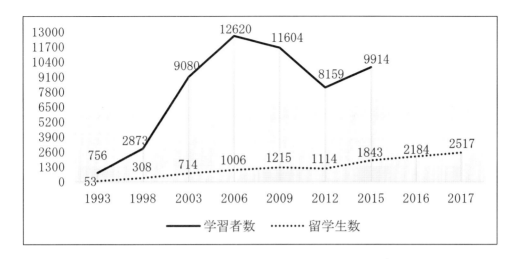

【図5】モンゴル国における日本語学習者数と日本に在籍するモンゴル人留学生数の推移

　日本に在籍するモンゴル人留学生の日本語学習状況を詳しく調査する必要があるが、来日する前にほとんど学習経験がなく、日本で日本語を学習する学生が多いのではないかと推測される[14]。ただし、1.で言及した外国人労働者受け入れ拡大政策は、一部マスコミ（日本経済新聞や日本農業新聞等）では（目安に）N4レベルの日本語力が求められると報じられており、モンゴル国で日本語を勉強する学習者数が増えるのではないかと予想できる。

　次の節では、筆者がモンゴル国での学校訪問と日本語授業見学の内容を簡単に紹介し、モンゴル国における日本語教育現状と課題を示し、改善するための私見を述べる。

4　ユネスコスクール訪問と日本語授業見学の概要

　9月2日から9月9日の間に、「2018年モンゴル国際ボランティア」に参加し、ウランバートル市に滞在した。当初からの予定通りに、9月6日の午前モンゴル国のユネスコスクールであるモンゲニ校（Mongeni Complex School）を訪問し、9月7日に日本語授業を見学した。

　モンゲニ校はウランバートル市内のユネスコスクールの一つであり、1500人あまりの学生を有する小・中・高の一貫校である。学校に関するより詳しい紹介は第二部の「訪問記(7)：エレキと民族楽器とファッションショー」（pp.24-25）を参照されたいが、ここでは

---

[14] 本学の神戸三宮キャンパスにモンゴル人留生が2人いるが、2人ともモンゴルにおける日本語学習経験がほとんどゼロで、来日してから日本語の勉強が始まったという。

本稿と直接関連する外国語教育コースについて簡単に紹介する。

同校では「東洋言語コース」（中国語、韓国語、日本語）と「西洋言語コース」（英語、ロシア語、ドイツ語）が開講され、学生は1年生から第一選択外国語を学習し、4年生から英語、7年生からロシア語を学習する。その2日間では、英語コース、日本語コースと中国語コースの教師と学生が接待してくれた。

この節では、日本語教師と学生へのインタビューの結果をまとめ、授業見学に観察できたことを報告する。

4.1　日本語コースの教師と学生へのインタビューの結果

モンゴル国における日本語教育の現状と課題について検討した先行研究には宮前（2009・2011）、守山（2001）、ナイダン（2005）、ダンザンニャム・馬場（2009）等が挙げられるが、2010年以降のものが少ない。そのため、今回の国際ボランティアをきっかけに、現地の日本語教師と学生へインタビューし、その結果を報告したい。さらに、2.節と3.節の考察を踏まえ、モンゴル国における現状と課題について考える。

9月6日、7日の2日間にわたって、日本語教師のA先生とB先生、日本語を第一外国語として勉強している学生Cさん、Dさんに簡単なインタビューを行った。表4と表5にその結果を示す。

A先生はモンゴル人日本語教師で、モンゴル国立大学日本語学科の「日本語教師」専攻であった。東京外国語大学へ留学したことがある。現在モンゲニ校の日本語主任を務めており、主に高学年のクラスを担当している。B先生はモンゴル国に15年以上滞在している日本人教師で、モンゴル語がとても堪能で、現在主に低学年のクラスを担当しているという。

A先生とB先生へのインタビューは、モンゴル国における日本語教育の現状と課題にフォーカスし、関連する質問をした。辺幅の都合で、インタビューの質問を詳しく示さず、その答えのみを以下にまとめる。

表4に示したように、学習意欲の低下、統一したカリキュラムがないこと、外国語制度の妥当性の欠如、日本語教師の不足等様々な問題に直面していることがわかった。それらの問題はモンゲニ校だけでなく、モンゴル国における日本語教育の普遍的な現状でもあるという。例えば、ドルジ（2011）でもナテン第23番学校において、統一したカリキュラム

第四部　研究報告

【表4】現地の日本語教師によるモンゴル国における日本語教育の現状と課題

A 先生（中等教育担当）	B 先生（初等教育担当）
・中国語や韓国語より日本語を選択する学生が少ない（年に約 10 人） ・途中で日本語学習をやめる学生が多い ・中国や韓国に比べて留学費用が高いため、日本への私費留学は簡単ではない ・旅行費用が高いため、日本語を勉強しても行くチャンスが少ない ・日本企業が少ないため、日本語を勉強しても就職できない ・高校卒業するまでに N4 合格を目標	・週2回、1回40分。1〜3年生ひらがな、4年生〜6年生カタカナ、7年生から漢字学習するカリキュラムなので、キリル文字もまだ覚えていないうちに日本語学習が始まる ・勉強意欲が高くない（面白くないと勉強しない） ・途中からやめる学生が多い ・日本語教師が不足、特に日本人教師 ・カリキュラムが統一されていない

がないこと、年少者への日本語教育の指導法に関する教師の知識や経験が不足、教材が不足していること、初中等教育機関から高等教育機関への日本語教育のつながりがないことを主な問題点として挙げられている。

　インタビュー結果の詳細を見ると、A 先生の話では現在モンゲ二校だけでなく、モンゴル国全国においても、中国語や韓国語より日本語を選択する学生が少ない傾向があるという [15]。それは、中国や韓国に比べて日本への留学費用が高いため私費留学が困難であることと、旅行費用が高いため行くチャンスが少ないこと、日本企業が少ないため就職機会が少ないこと等が理由として挙げられる。その背景は国際交流基金（2016）の報告書に見られた。地下資源の価格が高騰し、海外からの投資が増え、海外、特に欧米系の会社が好待遇のため、日本語より英語、中国語、韓国語を学習した方がより就職時の待遇が良いということで、学習者は日本語以外の言語を選択するようになった時期があるという。しかし、「2013 年より、中国の重工業を中心とした経済の悪化、また、世界的な資源価格の低迷により、2014 年から 2015 年にかけてモンゴルに投資を行っていた外国企業がモンゴルから撤退したこと、また、日本への査証要件が緩和され、日本に渡航するモンゴル人が増加し、日本への好意的な感情が以前より高まったことにより、日本語学習者は 2015 年を境に、再

---

[15] モンゲ二校において日本語を第一外国語として選択する人は毎年約 10 人、1 クラスにすぎないという。

度増加の傾向を見せている」(同上)と報告されているが、現地の日本語教師の話によれば、日本語教育の現状がまだそれほど好傾向ではないことがわかった。

　また、モンゲニ校訪問中に、中国語コースの教師と学生と交流する機会があった。その際に、学生は中国ユネスコ連盟と日本ユネスコ連盟の主要な活動や、中国の西部における開発の現状と課題、中国語と日本語の相違等について、中国語で活発に質問した。彼らの学習環境や学習動機など詳しくインタビューしなかったが、同じ学年、同じ学習歴の中国語コースの学生と日本語コースの学生と比較した場合、中国語コースの学生のほうが語学のレベルがはるかに高いイメージがあった。学生の話によると、語学研修や家族旅行などで、中国へ頻繁に行き、中国の書籍も簡単に入手できるためよく読んでいるとのことである。それに比べて、インタビューした日本語コースの学生の状況は以下の通りである。

　日本語コース 11 年生（日本の高校 2 年生に相当）の C さんと D さんが優秀な学生として紹介された。インタビューする際に、A 先生がモンゴル語で通訳した部分が多いが、先生の意見が多く含まれたように思われるため、できるだけ C さんと D さんが日本語で答えた内容に基づいて考察を進めていきたい。

　日本語の学習動機について、C さんも D さんも、「日本へ留学したい」と答えた。森（2006）の調査では高校（2 つ）と大学（1 つ）の日本語学習者 290 人の学習動機について調査し、37 項目中、上位 3 位が「視野を広げてくれるから」「文化人になりたいから」「日本で勉強したいから」であった。国際交流基金（2011）によると、初中等日本語学習者の学習目的の上位 3 位は「日本語そのものへの興味」「コミュニケーション」「日本留学」である。高嶋（2013）の調査によると、「留学したい」「日本・日本語が好きだから」「仕事で使いたい」という 3 つの選択を選んだ学習者が最も多いことがわかった。つまり、先行研究でも今回

【表5】日本語学習者の情報とインタビューの結果

	C さん	D さん
学習歴	11 年（1 年生から）	10 年（2 年生から）
学習動機	日本文化に興味があり、日本へ留学したい	アニメが好き、日本へ留学したい
来日経験	旅行で 2 回	なし
レベル	日本語能力試験 N4 合格	日本語能力試験 N5 合格
難しく感じること	漢字	漢字
将来の予定	日本語を専攻し、日本へ留学したい	日本語学習を続けるかどうかは未定だが、日本へは行きたい

のインタビューでも、「日本への留学」が日本語学習の動機の上位に上がっている。3.節で考察したように、日本語学習機関数・教師数・学習者数と関係なく、日本に在籍するモンゴル人留学生が増え続けていることから、「日本への留学」の難易度が直接日本語学習に影響を与えていると言えよう。そのため、多面的な留学サポートや留学制度の整備などが、日本語教育機関により求められるようになるのではないかと推察される。

「日本語学習で難しい点」に関して、「漢字」という答えであった。先行研究においてもモンゴル人学習者への漢字教育について書かれたものが数多くある（ウラムバヤル 2011, 高嶋 2013 等）。そこから、モンゴル人学習者にとって、漢字が難関であることが推測できる。次節では日本語授業見学による観察をまとめる。

4.2　日本語授業見学による観察

9月7日に、B先生が担当している、小学校4年生の日本語授業を見学した。約10人の学生がいるクラスで、平仮名の学習が終わってカタカナを勉強している段階である。

授業の流れは次のようである。まず、天気と曜日、日付について答えさせ、書かせる。次に、「モンゴル」「もんごる」という国の名前を平仮名と片仮名で書いて、平仮名と片仮名の違いを学生に考えさせ、指摘させる。そして、「モ」や「ン」や「ゴ」や「ル」が自分の名前に入っている人に、前に出てきて名前を書かせる。最後に、練習帳に書く練習をしたら、40分の授業が終わる。

授業の特徴は3つ挙げられる。①媒介語（モンゴル語）を使って教えている。②大変アクティブで、小学生向けに考えた授業構成となっている。③「あいうえお」順で導入するのではなく、学生の身近にあるものや持っている知識と関連させ、学習効果をよりアップ

写真1．授業見学の風景

写真2．学生が自分の名前を書いている

しようと工夫されている。

　2005年にモンゴル教育文化科学省から今後の外国語教育の指針として「外国語教育新スタンダード」が発表された。従来文法を中心とするやり方と異なって、実際の言語運用につながるように、言語を使うことを通して帰納法的に教えることや学習者中心であり教師が支援者になる授業方法が求められている（ドルジ，2011）。今回見学した日本語授業はそのような方針に応じていると思う。ただし、そこには気になるところもある。

　初中等教育において学生に「外国意識・外国語意識」を育てるため、趣味程度で日本語に触れながら日本文化を味わせるという教育目的が観察される。しかし、カリキュラムは1年生から3年生まで平仮名、4年生から6年生までカタカナを勉強するとなっていることが注目される。結論から言うと、教育目的と教育方針、カリキュラムが一致していないことが問題点として挙げられる。

　日本語を体系的に勉強させることが教育目的に対して、小学校から高校卒業するまで12年間、週2回、1回40分の日本語学習をしても、日本語能力試験N4レベル[16]程度にしか到達できないという学習現状から考えると、学生の学習成果はよいとは言い難い。キリル文字もまだ定着していないうちに、モンゴル語と言語距離がかなりある日本語の文字を勉強させ、その上に、1種だけでなく、平仮名、カタカナ、漢字の3種に学習重点が置かれる教育方針とカリキュラムは検討を要するだろうと思う。

　一方、日本、日本文化を意識させることが教育目的であれば、日本語の表記に拘らず、とりあえず平仮名を導入して、コミュニケーションにつながる学習内容に移したほうが、学習モチベーション、学習効果があるのではないだろうかと考えられる。

5　まとめ

　以上のように、短期であったがモンゴル国における日本語教育の現場に触れ、現地の日本語教師と日本語学習者から直接話が伺えた。最初の話に戻ると、なぜ11年間勉強してN4レベルであるかというと、4.で考察したように、外国語制度に問題があること、教育目的と学校のカリキュラムが統一していないことなどが原因として挙げられる。

---

[16] 旧日本語能力試験の認定基準では日本語を300時間程度学習し、初級日本語コースを修了したレベルである。基本的な文法・漢字（300字程度）・語彙（1500語程度）を習得し、日常生活に役立つ会話ができ、簡単な文章が読み書きできる（日本語能力試験ホームページによる）。

モンゴル国において、外国語意識が高まる一方、中国と韓国に比べて地理的にも不利であり、表記が多様で入門が簡単ではない等の言語的な劣勢も前提にあり、どのように学生の関心を引き寄せるかが現在大きな課題となっていると思われる。さらに、教育目的に合わせたカリキュラムの見直し、学習効果の向上、日本への留学制度の完備、留学サポートの強化等が有効な解決方法と考えられる。

参考文献

ウラムバヤル ツェツェグドラム（2011）「教育事情報告 モンゴルにおける日本語教育：高等教育機関における漢字教育に着目して」,『言語文化と日本語教育』, pp. 60-69.

小長谷有紀編（1997）『モンゴル（暮らしがわかるアジア読本）』, 河出書房新社.

片桐準二・スレンドルゴル・ダワーオユンゲレル・中西令子・浮田久美子・牧久美子（2016）「モンゴルにおける初中等教育機関向け日本語教科書の開発-プロフィシェンシー重視と自律学習支援への取り組み」,『国際交流基金日本語教育紀要』12, pp. 57-72.

高嶋幸太（2013）「モンゴル初中等教育機関での授業実践：現状調査を踏まえたチーム・ティーチングの試み」,『日本語教育実践研究』1, pp. 63-74.

ダンザンニャム・ブレンチメダ・馬場久志（2009）「モンゴルにおける日本語学習者の現状と課題」,『埼玉大学紀要』58(2), pp. 145-157.

陳秀茵（2019）「モンゴル国における日本語教育の史的変遷ー外国人労働者の日本語学習を前提としてー」『日本経大論集』(49) 2, 日本経済大学経済研究会.

ドルジ・ネルグイ（2012）「モンゴルの初中等教育機関における日本語教育の現状-ナラン第 23 番学校における日本語のイマージョン教育を中心に」ナラン第 23 番学校, 第 I 部 自国の日本語教育

ナイダン・バヤルマー（2005）「モンゴルにおける日本語教育」,『比較日本学研究センター研究年報』創刊号, pp. 145-149.

バイゼル・シャラー（2017）「日本のアニメの海外における影響」http://www.guic.gunma-u.ac.jp/wp/wp-content/uploads/2017/03/海外におけるアニメの影響.pdf （2018 年 12 月 11 日 閲覧）.

宮前奈央美（2003）「モンゴルにおける初等教育の諸問題と教育協力の課題」,『九州教育学会研究紀要』31, pp. 105-112.

宮前奈央美（2009）「海外留学生レポートモンゴルの日本語教育」,『留学交流』21(5), pp. 22-25.

宮前奈央美（2011）「モンゴル人留学生への留学支援策--各国の奨学金政策と帰国留学生支援」,『国際教育

文化研究』5，pp. 93-103.

宮前奈央美（2016）「モンゴルの教育発展に関わる日本の教育協力と日本式学校の創設」科学研究費補助金
　　（基盤研究C）平成 25 年度～平成 27 年度　研究成果報告書『アジア・オセアニアにおける高大の国
　　際的接続に関する調査研究』研究代表者：竹熊尚夫.

宮脇淳子（2002）『モンゴルの歴史－遊牧民の誕生からモンゴル国まで』，刀水書房.

守山惠子（2001）「モンゴルの日本語教育事情」，『長崎大学留学生センター紀要』9，pp. 97-105.

Oyungerel Tudev, Gerelmaa Damba.（2015）. Insights of the Mongolian Labor Market.
　　Journal of Business and Management Sciences, 3(2), pp.64-68.

参考資料

国際交流基金『海外日本語教育機関一覧 ｛1975 年・1980 年・1985 年版｝』
　　https://www.jpf.go.jp/j/project/japanese/survey/result/surveyold.html　（2018 年 11 月 7 日　閲覧）.

国際交流基金『海外の日本語教育の現状－日本語教育機関調査・｛1990 年・1993 年・1998 年・2003 年・2006
　　年・2009 年｝－概要版』https://www.jpf.go.jp/j/project/japanese/
　　survey/result/　（2018 年 11 月 7 日　閲覧）.

国際交流基金『日本語教育国・地域別情報モンゴル（2014 年度）』https:// www.jpf.go.jp/
　　j/project/japanese/survey/area/country/2014/mongolia.html（2018 年 11 月 7 日閲覧）.

国際交流基金『日本語教育国・地域別情報モンゴル（2016 年度）』https://www. jpf.go.jp/
　　j/project/japanese/survey/area/country/2016/mongolia.html（2018 年 11 月 7 日閲覧）.

国際交流基金（2017）「海外の日本語教育の現状と課題」第 8 回日本語教育推進議員連盟総会用資料
　　http://www.nkg.or.jp/wp/wp-content/uploads/2017/06/20170615_JF.pdf　（2018 年 12 月 20 日　閲
　　覧）.

独立行政法人国際協力機構（JICA）（2013）『モンゴル国工学系高等教育情報収集・確認調査最終報告書』
　　特定非営利活動法人　アジア科学教育経済発展機構株式会社グローバル開発コンサルタンツ.

独立行政法人日本学生支援機構（JASSO）「外国人留学生在籍状況調査結果」(1998 年-2017 年）https://www.
　　jasso.go.jp/sp/about/statistics/intl_student_e/index.html　（2018 年 12 月 26 日　閲覧）.

The World Bank Data ."GDP - per capita　Mongolia" .https://data.worldbank.org/
　　country/mongolia（2019 年 1 月 13 日　閲覧）.

第四部　研究報告

モンゴル国における牧民の移動と社会変動
―人々はなぜ遊牧をやめウランバートルに向かうのか―

安井裕司

1　はじめに

　2018年9月2日～9日まで神戸ユネスコ協会が主催したボランティア団の引率者として
モンゴル国を訪問した。日程の関係で、最初にドントゴビ県のゴビ砂漠近くで遊牧するバ
トジャルカルさんの「ゲル」に滞在させて頂き、私たちは自然と共に生きる素晴らしい遊
牧生活を体験することができた。

　その後、今回の主目的である、首都ウランバートルの貧困地域にあるDVを受けた子供の
ためのシェルターを訪問し、格差社会化しているモンゴル国の環境や教育など社会問題に
ついて学ぶことになった。そして、これらの社会問題が、多くのモンゴル人が遊牧をやめ
て、首都ウランバートル市へ流入すること（急激な都市化）に起因していることを何度も
耳にした。

　ウランバートル市に「移住」した元牧民[1]たちは、そのほとんどが同市の郊外に移動式の
「ゲル」を作って「定住」しているため、同市に貧困地域が形成され、そこから様々な問
題が引き起こされているのである。同市の「ゲル」地区は、一見スラムのようであり、貧
困のシンボルのようであった。

　ウランバートルの「ゲル」は、最初に訪れたドントゴビ県の遊牧地の「ゲル」と何が違
うのだろうか。歴史を紐解けばそもそも全て牧民であったモンゴル国の人々が、なぜ今、
遊牧を諦め、大都市ウランバートルに向かうのだろうか。モンゴル国は1989年～92年の
民主化運動の結果、市場主義が導入され、社会は大きく変化し、更に2010年代に地下資源
開発に成功し、高度経済成長を遂げている。激変するモンゴル社会の中にその理由を模索
したい[2]。

---

[1]　以下、引用以外において遊牧民を牧民で統一する。
[2]　本論文は、安井（2019）を加筆修正したものである。一部資料も同じものを用いているが、本論文は
　　ウランバートルの人口増加をテーマにしている一方、安井（2019）は労働者としての牧民に着眼して
　　論じている。

79

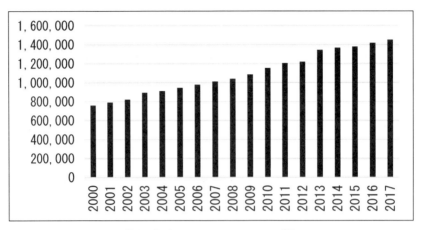

【図1】ウランバートルの人口増加

2　だれが、ウランバートルに「移住」したのか

　モンゴル国の 2017 年の総人口は 318 万人（National Statistics Office of Mongolia, 2019）であるが、同年において約半数の 145 万人が首都ウランバートルに滞在している（ibid）。この数は年々増加している（図1[3]）。

　ウランバートルの人口集中については、1989 年の民主化運動以降、市場主義が導入され、牧民たちは経済的な理由をもって大草原での遊牧生活に見切りをつけ、ウランバートルに「移住」したとされる。実際、1989 年から今日まで約 600,000 人が地方から首都ウランバートルへ移動している（Kingsley, 2017）。

　しかし、それは事実の半面しか捉えていない。市場主義導入の際に、地方では、社会主義体制において組織された牧畜協同組合（ネグデル）が解体され、ネグデルが経営していた国営農場や工場が無くなり、労働者は新らたに牧民になったのである。モンゴルの牧民の数は、1989 年の 6 万 9000 戸（13 万 5000 人）からピークの 2000 年は 19 万 2000 戸（42 万 1000 人）となっている（ゾルザヤ, 2006：178）。興味深いことに、まず、市場主義によってモンゴル古来の生活形式である遊牧を営む人々が増加（復活）したのである。

　歴史を遡れば、そもそも 1950 年代初期には家族単位の牧畜がモンゴルの殆ど全ての経済活動を占めていたが、社会主義政権はソ連に倣って、近代化の名のもとに農牧業の集団化を図り、牧民を「賃金労働者」に変え、ネクデルや国営農場を設立したのである（石井,

---

[3]　この表1は、UNdata の City Population のデータに基づいて作成した。なお、一部データが不足しているため、2001 年、2002 年、2011 年は Chilkhaasuren and Baasankhuu (2012)、2012 年は北東アジア地域自治体連合 (2018) を参照した。

2004：2）。つまり、モンゴルの牧民は、社会主義時代に「労働者」に変えられており、それが、1989 年以降の体制変動によって元に戻ったともいえる。

　2015 年において、牧民人口は 30 万人にまで落ち込んでいる（湊，2017：150）。その理由としては、新規参入した牧民は、家畜が少なく小規模経営のため生活が厳しく、結局、遊牧を諦めてしまうケースも少なくないと推測される（前川，2014）。

　また、1999 年から 2000 年及び 2009 年から 2010 年にかけて、大規模な雪害（ゾド）が発生し、地方で遊牧をしている人々が貴重な収入源である家畜を失ったことも首都への人口流入に拍車をかけてしまったと指摘される（UNDP，2011：1）。もっとも、ゾド被害が拡大した理由としては、市場主義化による家畜の過放牧や季節移動距離の縮小等の社会的要因が重なったとされており（中村 2015：68；鈴木 2015：184；杜・篠田・小宮山・尾崎・鈴木 2017：6）、これも市場化によって牧民が増加したことと無関係ではないと言えよう[4]。

　ここで重要なことは、2000 年の 42 万人から 2015 年の 30 万人に牧民が減少したとしても、1989 年の 13 万 5000 人と比較すれば牧民は減るどころか倍増しているのである。それでは、地方からウランバートルに流入した約 60 万人は一体誰なのだろうか。牧民の数がはっきりしているとすれば、後の残りは牧民ではない地方都市の労働者とその家族であろう。もちろん、労働者が一時的に牧民になったりするケースもあれば、その逆もあり得るため、実数の把握は難しいが、単線的に牧民が遊牧を捨ててウランバートルに移住したとは言えないことは確かである。

3　ウランバートルの「都市の牧民」と共同体意識

　何らかの理由でウランバートル市に出てきた人々は、元牧民（の家族）だろうと元労働者（の家族）だろうと、同市の郊外に移動式の「ゲル」を作って住んでいる。ここで彼らは、改めて「都市の牧民」になるのである。

　ウランバートル市には第二次世界大戦後から貧困層が「ゲル」に住む「ゲル」地区が存在していたが、1990 年以降の流入者はこの地域を拡大させる。1996 年から 2010 年まで「ゲ

---

[4]　1990 年代の市場主義化以降、家畜頭数が増加しており、過放牧の傾向にあった。更に多くの牧民が市場に近い都市近郊や定住地域の周辺、幹線道路の近くに野営するようになったことにより、家畜の季節移動距離が短くなり、夏の間、家畜が十分に草を食べられず、寒波が襲った冬を乗り越えられなったことがゾド被害の社会的要因として指摘されている（杜・篠田・小宮山・尾崎・鈴木，2017：6）。

ル」地区は、年間平均 14.5％拡大し（滝口・坂本・井潤，2016：175）、新「ゲル」地区とも称すべきエリアが生み出されている 。そして、現在、ウランバートルの人口の約 60％が同市の「ゲル」地区に住んでいる（フフー，2009a：6；松宮，2017：148）。

　「ゲル」地区の人々は一般に困難な生活環境に置かれているとされる。上下水道やゴミ収集などのインフラや社会サービスは不十分であり、公衆衛生の問題が懸念されている（富原，2003；滝口，2011）。

　また、「ゲル」地区の人々がマイナス 30 度となる冬場は「ゲル」の中で大量の石炭を燃やして暖を取ることが一般的であり、石炭を燃やした際に出る煙が市内の大気汚染の直接的な原因となっている（小金澤・ブルガン・佐々木，2006；Ross，2017；McSweeney，2018）[5]。

　2009 年のフフーの調査によれば、ウランバートル市の Sukhbaatar 地区にある集合住宅（アパート）住民地区の失業率が 8.8％に過ぎないのに対し、「ゲル」地区住民の失業率は23.3％であり、集合住宅において貧困レベルの世帯年収入「200 万－400 万トゥグルク」が7.5％であるのに対し、「ゲル」地区は 23.6％に至り、反対に「年収 1200 万以上」は「ゲル」地域に 6.3％しかおらず、集合住宅は 22.4％となっている（フフー，2009b：31）。

　しかしながら、「ゲル」地区の生活の満足度は低くはない。「ゲル」住民の特徴は、「低学歴、低収入、非正規雇用、高失業率」（同上）である。困難な生活を強いられているはずの「ゲル」地区であるが、厳しい生活環境であるにもかかわらず、先のフフーの調査においても、「ゲル」地区に住む人たちの 56.7％が「住宅」にたいして満足しており、不満、やや不満を合わせた 28.8％を大きく引き離している（フフー，2009b：33）。

　その理由の一つとして、共同体意識が挙げられる。近所の人と「普段挨拶をする」「立ち話をすることはある」の項目において、「ゲル」地区住民は、それぞれ 76.9％、64.9％と集合住宅住民の 52.8％、33.3％よりも遥かに高く、近隣住居者にめでたいことがあったらお祝いするという項目においても、「ゲル」地区が 44.4％で、集合住宅が 24.3％と上回っている（フフー，2009b：32）。

　この比較的高い満足度をどのように把握するかは難しいが、厳しい環境の中で助け合って生きていると考えるべきであろう。歴史家のバーバル（Batbayar・Bat-Erdeniin）は、モンゴル国の牧民はウランバートルに住んでも「ゲル」に住む限り、「まったくもって自由」

---

[5]　2006 年のアジア開発銀行の発表によれば、ウランバートル市の大気汚染の約 90％がゲル地区の家庭から排出される煙に由来するという（西垣，2010：199）。

であり、「ウランバートルの生活が長くても、気持ちは遊牧民のまま」であると語っているが（ベルト，2011：123）、地方から様々な理由で、ウランバートルにやってきて「都市の牧民」となった「ゲル」地区の人々が、ある種の共同体を形成し、そこに本当に「遊牧民のエートス」が宿っているとすれば、非常に興味深い現象であり更なる研究の余地がある。

　いずれにせよ、ウランバートルの「ゲル」地域が客観的に様々な問題に取り囲まれていたとしても、地方から見れば、移住可能と判断され得る状況と言えよう。

4　国家の経済的繁栄と地方の困窮

　ウランバートル市への人口の一極的な流入は、地方の人口の減少に反比例している（島崎，2007：36）。言い換えれば、モンゴル国の牧民のウランバートル流入が止まらない理由は、地方の経済的苦境にもあるであろう。

　都市と地方の貧困状況の推移について見ると、都市部の貧困率は 2002-3 年の 30.3％から、2010 年までに 32.2％と上昇しているが、農村部の貧困率は 2002-3 年の 43.4％から 2010 年までに 47.8％へと更に上昇しているのである（国際協力機構，2012：1）。

　モンゴル国は経済発展を遂げているにもかかわらず、2010 年における貧困率は 39.2％と高く、モンゴル国では未だ人口の 3 分の 1 以上にあたる人々が貧困ライン以下で生活している状態であるが（国際協力機構，2012：12）、特に地方にしわ寄せがきていると考えられる。そして、この構造は 2018 年においても基本的に変化がない（The World Bank, 2018：8）。

　上記のような貧困化がある一方で、モンゴル経済は 2010 年代に入り、鉱物資源の開発が拡大し、2011 年の GDP の成長率は 17.3％、2012 年は 12.3％，2013 年は 11.6％と驚異的な数字を上げていく（日本貿易振興機構，2018）[6]。

　モンゴル国の経済は地方の鉱物資源開発に依存している。2001 年の鉱物資源の輸出額は 1752 億 1270 万ドルで、輸出総額に占めるシェアは 29.4％であったが、2011 年には 25 倍の 4 兆 1210 万ドルに跳ね上がり、シェアは 89.2％に至る（湊，2017: 145-146）。しかし、全体として経済発展は、ウランバート市や第二の都市ダルハオールに偏っており、大都市

---

[6]　モンゴル国における資源ナショナリズムの勃興や最大の貿易相手国中国の景気減速、そして、世界的な資源安の影響により 2016 年の GDP の成長率は 1.2％まで落ち込みながら、2017 年 2 月に国際通貨基金（IMF）の財政支援プログラムの受け入れに合意し、以降、経済は回復に向かっている（日本貿易振興機構，2018）。

と地方の賃金格差をもたらしていると分析されている（渡久地・Baljinnyam, 2012）。

5 地下資源と地方の貧困の重層化

単なる貧富の格差が「都市―地方」の関係に留まらず、地方における格差も深刻であり、格差は重層化している。地方における格差をここでは、主に牧民間の格差として捉え、その理由を農牧業そのものの格差と地下資源に関係した格差に大別したい。

前述の通り、1989年の市場主義化後、牧畜協同組合（ネグデル）が解体され、ネグデルが経営していた国営農場や工場が無くなり、新に牧民になっていった。しかし、もともとの牧民であった人々との間に格差が生じており、新興牧民はゾドなどの被害を受けるたびに財産である家畜を失っていった（前川, 2014:89-93）。一方で、旧来からの牧民であり、家畜の増産に成功した人々は「スーパー牧民」と称され、大草原の資産家となっていくのである（同上）[7]。

次に、地下資源開発であるが、多くの炭鉱地は遊牧地でもあり、鉱山関係企業は時に牧民を雇用することになり、牧民の生活を鉱山を中心としたリッチな「衛生的生活」に変えてしまうという（包・ウルジトラガ・木下, 2013:69 ; ビャンバラクチャー, 2015:75）。

例えば、中国との国境にある南ゴビ県ハンボグド郡は、もともとは牧畜産業しかない地方であったが、オユートルゴイ鉱山の開発に成功し、島村（2015）によれば、牧民の若者の多くが現金収入を求めて給与の良い鉱山関連企業に就職した。彼らは、企業に就職できなかった家族や知人に家畜を預けるようになり、「委託遊牧」が盛んになる（島村, 2015:86）。そして、前出の2010年のゾドの被害に遭って家畜を失った（鉱山企業で雇用されない）牧民は「雇われ牧民」に落ちていくという（島村, 2015:86-87）[8]。

つまり、ウランバートルの「ゲル」地区の生活が容易ではないとしても、遊牧地において「雇われ牧民」にもなれなければ、ウランバートルに出ていくしかないことになる。

これ以上のウランバートルへの人口集中を緩和するには、地方の開発と雇用の充実が不

---

[7] 私たちが今回、宿泊したドンドゴビ県の牧民バトジャルカルさんのお子さんは米国や日本に留学し、携帯電話やPCで毎日のように連絡を取っていた。多くの家畜を所有して大規模に遊牧を展開するバトジャルカルさんは自動車やバイクを所有し、ソーラーパネルで蓄えたエネルギーで生活する成功した「スーパー牧民」であった。

[8] 尾崎（2013:49）は、近年の家畜の価格などを考慮すれば、牧民にとって炭鉱労働は副業に過ぎないと結論付けている。

可欠となっている（石井, 2015：161）。モンゴル政府は、牧畜業を改善・発展させ、市場における競争力を有し、経済的利益のある部門にすることを目標とし、2010 年 5 月「家畜」プログラムを発表した（湊, 2017：154）。

その結果、2010 年に 3000 万頭を下回っていた家畜数は、2015 年には 5000 万頭を超え、世帯当たりの家畜数も 2010 年は 210 頭を下回っていたが、2015 年には 350 頭を越えている（湊, 2017：156）。家畜数の増加が、牧民の格差を解消しているかどうかは定かではなく、地方の抜本的な経済改革に繋がるかも未知数であるが、新たな段階に来ているとは言えよう。

6　むすびに代えて

今回、私たちはドントゴビ県の遊牧地を訪問し、「遊牧民」バトジャルカルさんの「ゲル」に宿泊し、翌日、遊牧地から最も近いドントゴビ県のフルド村小中学校を訪問した。実のところ、前節でみたような地方の「貧しさ」を実感することはなかった。

しかし、一方で、ウランバートル市への人口流入は続いており、「ゲル」地区からの公害は悪化し、同市は今年も世界最悪の環境汚染都市として名を馳せている。鉱物資源開発で潤ったお金は概して首都ウランバートルに集まり、市場経済の魅力は牧民を含む地方人口を減らし続けている。

もっとも、前述の通り、既に社会主義時代において牧民の労働者化（都市化）は進んでおり、1989 年以降に多くの人々が牧民に「復活」したとすれば、地方の人間が遊牧経由でウランバートルに出てきただけであり、農業改革の失敗というよりも、都市開発の失敗と見なした方が正しいであろう[9]。

結局のところ、ウランバートルの一極集中は、大都市と農村の問題ではなく、ウランバートルに比較して魅力的ではない地方の小都市の問題に行き着くことになる。そして、地方都市が発展しない限り、ウランバートルへの人口流入は続いてしまうのである。それは、表面的にはウランバートルの「牧民の都市化」のように見えながら、実は重層の格差化の中で底辺が移動しているだけなのである。

上記を踏まえた上で、20 世紀に労働者になり、1989 年以降、牧民に戻り、更に都市住民

---

[9]　もし、そうであるならば、「家畜」プログラム等の方策は抜本的な解決策にならないであろう。

や炭鉱労働者になりながらも、歴史家のバーバルが表現する通り、モンゴル人が自由な「遊牧民のエートス」を忘れることはないならば、社会発展論的に、「大草原の牧民」から「都市の牧民」そして、集合住宅の市民というような単線を進むのではなく、職業をも自由に渡り歩くような「グローバル化時代の牧民」の姿が浮かび上がる。もし、それが、空想であったとしても、変動するモンゴル国が、深刻な社会問題を抱えながらも、同時に（ある意味でそれ故に）社会学的な魅力に満ちていることは否定されないであろう。

　ドントゴビ県の遊牧地のゲルと、ウランバートルの「ゲル」には大きな経済的な格差が横たわるが、両方が「ゲル」であり、「牧民のエートス」が絶えることがないとすれば、「グローバル化時代の牧民」にとって「ゲル」をどこに宿すかが課題なるのかもしれない。

参考文献

Chilkhaasuren,Bayanchimeg and Baasankhuu,Batbayar(2012) "Population and Economic Activities of Ulaanbaatar"

　http://old.ubstat.mn/Upload/Reports/ub_khotiin_khun_am_ediin_zasag_angli_ulaanbaatar_2012 -08.pdf（accessed 9 January 2019）.

Kingsley,Patrick (2017) "Nomads No More: Why Mongolian Herders are Moving to the City", *The Guardian*, 5 Jan 2017.

McSweeney,Mollie M.(2018) "Mongolia: Deadly Pollution" *Michigan State International Law Review*, Michigan State University, College of Law. March 12, 2018.

National Statistics Office of Mongolia (2019) "Mongolian Statistical Information Service", (http://1212.mn/)（accessed 9 January 2019）.

Ross, Eleeanor（2017）"How Deadly Pollution Became one of Mongolia's Biggest Problem" Newsweek, March 2, 2017.

石井祥子（2004）「モンゴルにおける都市の形成発展と市場経済化後の社会変動」『名古屋大学人文科学研究』（33）.

石井祥子（2015）「ウランバートルの急速な都市化とゲル地区再開発計画」石井・鈴木・稲村編『草原と都市』, 風媒社.

尾崎孝宏（2013）「モンゴル国牧民における副業としての鉱業：ドンドゴビ県の事例より」『人文学科論集』（77）, 鹿児島大学法文学部紀要.

川霧梅和・杉本弘文（2011）「集住における都市部での生活・住居環境に関する研究」『日本建築学会計画系論文集』, 第 76 巻, 第 668 号.

小金澤孝昭、ジャンチブ・エルデネ・ブルガン、佐々木達（2006）「モンゴル・ウランバートル市のゲル集落の拡大」『宮城教育大学環境教育研究紀要』, 第 9 巻.

島崎美代子（2007）「ウランバートル市の定住人口増大と国内人口移動の動向」長沢・今岡・島崎編『モンゴルのストリートチルドレン : 市場経済化の嵐を生きる家族と子どもたち』朱鷺書房.

島村一平「鉱山を渡り歩くシャーマン−モンゴルにおける地下資源開発と『依存的抵抗』としての宗教実践」棚瀬・島村編『草原と鉱石−モンゴル・チベットにおける資源開発と環境問題』明石書店.

鈴木康弘「モンゴルの自然災害とレジリエンス」石井・鈴木・稲村編『草原と都市』、風媒社.

ゾルザヤ・ズンドウイ（2006）「モンゴル国における農牧業協同組合の現状と必要性」『農業経営研究』44 (1)（通号 128）.

滝口良（2011）「市民参加を学ぶ : モンゴル・ウランバートル市ゲル地区改善プロジェクトから」『北海道民族学』 第 7 号.

滝口良・坂本剛・井潤裕（2016）「モンゴル・ウランバートルのゲル地区における住まいの変容と継承　一都市定住に適応する遊牧の住文化に着目して一」『住総研研究論文集』(43), 2016 年版.

杜春玲・篠田雅人・小宮山博・尾崎孝宏・鈴木康平 （2017）「気象災害の地域差を社会的要因—モンゴルにおける 2009/2010 年ゾド被害の場合—」『砂漠研究』(27).

渡久地朝央・Baljinnyam Maitsetseg（2012）「モンゴルにおける資本主義転換後の地域間経済格差に関するパネルデータ分析」Discussion paper series, 小樽商科大学ビジネス創造センター.

富原崇之（2003）「モンゴル国首都ウランバートル近郊の都市スラムの居住環境改善」『クロスロード』1 月号（http://home.g08.itscom.net/ebizuka/kokusai/takahara.pdf）,（2019 年 1 月 28 日閲覧）.

中村洋「モンゴル国における自然災害による家畜死亡要員の分析—同国ドンドゴビ件で 2010 年に発生した自然災害"ゾド"−」『国際開発研究』第 24 巻, 第 2 号.

長沢孝司・今岡良子・島崎美代子（2007）『モンゴルのストリートチルドレン : 市場経済化の嵐を生きる家族と子どもたち』朱鷺書房.

西垣有（2010）「都市のテクノロジー−−モンゴル、ウランバートル市の都市化とコンパクトシティ計画」『文化人類学』75 (2).

ビャンバクチャー, ガンボルド.（2015）「衛星牧民」棚瀬・島村編『草原と鉱石−モンゴル・チベットにおける資源開発と環境問題』明石書店.

フフー・チンバット（2009a）「モンゴル国・ウランバートル市における住宅政策におけるゲル地区問題」『住宅着工統計』2009年4月.

フフー・チンバット(2009b)「ウランバートル市のゲル地区及び集合住宅地区住民の居住意識の比較研究 ： 住民の居住意識と市の住宅政策の方向性に関する一考察」『都市科学研究』(3).

ベルト・ドン（2011）「草原を去るモンゴルの遊牧民」『National Geographic 日本版』2011年10月.

包宝柱・ウリジトンラガ・木下光弘（2013）「モンゴル国における地下資源開発の調査報告 ： 中国の少数民族として生きるモンゴル人から隣国モンゴル国をみる」『人間文化』： 滋賀県立大学人間文化学部研究報告（33）.

前川愛（2014）「格差の拡大－スーパー牧民と離反する人々－」『現代モンゴルを知るための50章』明石書店.

松宮邑子（2015）「ウランバートルにおけるゲル地区の変遷」『日本地理学会発表要旨集』

　　　　（https://www.jstage.jst.go.jp/article/ajg/2015s/0/2015s_100138/_pdf/-char/ja），（2019年1月9日閲覧）.

松宮邑子（2017）「ウランバートル市におけるゲル地区居住者の居住経歴」『文学研究論集』第46号.

湊邦生（2017）『遊牧の経済学』晃洋書房.

安井裕司（2019）「モンゴル国における遊牧民の変遷～大草原の牧民から賃金労働者、そして都市牧民へ～」日本賃金学会編『経営の未来を拓く 賃金マネジメント研究』櫻門書房.

吉本誠（2011）「モンゴルにおける鉱物資源開発の現状について」『産研論集』（38）.

参考資料

The World Bank (2018) Mongolia Economic Update: Fiscal Space for Growth, The Role of Public Investment Spending Efficiency, July 2018

　　　　（http://pubdocs.worldbank.org/en/582841530843734119/pdf/Report-ENG-2.pdf）

United Nations Development Programme (UNDP)(2011) From Vulnerability to Sustanablity ： Environment and Human Development:Mongolia Human Development Report 2011, Ulaanbaatar, Mongolia.

朝日新聞（2018）「外国人材の都市集中回避・農業と漁業は派遣容認新制度」2018年12月13日.

国際協力機構（JICA）（2012）「モンゴル国貧困プロファイル」2012年3月，独立行政法人国際協力機構.

国際労働財団（2018）「2018年 モンゴルの労働事情」

（https://www.jilaf.or.jp/rodojijyo/asia/central_asia/mongolia2018.html）（2019 年 1 月 9 日閲覧）.

JETRO（2018）「2019 年 1 月 1 日から最低賃金を 3 割強引き上げ、モンゴル

（www.jetro.go.jp/biznews/2018/09/9b69b162ed4147aa.html）（2019 年 1 月 9 日閲覧）.

日本貿易振興機構（2018）「モンゴル経済概況（2018 年 1〜9 月）」

（https://www.jetro.go.jp/ext_images/_Reports/01/c7711f4a70ee239d/20180031.pdf）（2019 年 1 月 9 日閲覧）.

北東アジア地域自治体連合（2018）「ウランバートル市」

（http://www.neargov.org/jp/page.jsp?mnu_uid=3691&）（2019 年 1 月 9 日閲覧）.

ボランティアの経験を研究へ、研究からボランティアへ

神戸ユネスコ協会理事・日本経済大学専任講師　陳　秀茵

　今回のモンゴル国際ボランティアは、2018 年 3 月頃にプログラムを立ち上げ、4 月に参加者募集、6 月に学校内勉強会、8 月に第 1 回国際交流会・研究会、12 月に報告会として第 2 回国際交流会・研究会を行い、その後、学生の研究指導、研究報告の執筆を経て、この 4 部構成の報告書が出来上がるまで、丸一年間かかりました。

　第一部は、「2018 年モンゴル国際ボランティア」の計画書、参加者リスト、費用、日程など、詳しく紹介しています。

　第二部は、安井先生が遊牧民の生活や習慣、ウランバートル市内の社会環境、教育、歴史との繋がりを日記形式で執されています。先生ならではのユニークな視点で書かれており、今でも当時のシーンが目に浮かんできます。

　第三部は、学生が書いた研究概要です。「研究」と言えるほどのものではないかもしれませんが、この報告書を通して、現地で体験して気づいたことに問題意識を持ち、自分自身の研究テーマに繋げることを目標としました。また、今回、文献の収集仕方、引用仕方、小論文にふさわしい表現、研究概要の構成等を学べたのではないかと思います。

　第四部は、安井先生と筆者の研究報告です。私たちはモンゴル研究の専門家ではなく、挑戦ではありましたが、各々の専門分野から見たモンゴル国の一面を、学生たちと共に「見て」「歩いて」「学ぶ」ことができ、良かったと存じます。

　本書は、ボランティア活動の報告と共に研究（学習）報告書も兼ねています。両方に挑戦したために背伸びした感もありますが、成長過程として捉えていただければ幸いです。

　この機会に、「2018 年モンゴル国際ボランティア」にご協力いただいたモンゴル・ユネスコ国内委員会、ウランバートルのユネスコスクールであるモンゲニ校、DV を受けたモンゴルの子供たちのためのシェルター「魔法の城」、日本ユネスコ協会連盟、神戸ユネスコ協会、そして、事務手続きをお手伝いただいた日本経済大学の事務スタッフの皆さまに心からお礼申し上げます。

　最後に、今回同行した 8 人の学生たちのもお礼を言いたいと思います。厳しいことも言いましたが、皆さんがいなければ国際ボランティアを完遂し、本書も完成できなかったと思っています。お疲れ様でした。

編著者紹介

安井裕司（やすいひろし）

英国バーミンガム大学博士課程修了。PhD(Political Science and International Studies)。法政大学国際日本学研究所客員学術研究員、早稲田大学エクステンションセンター講師等を経て、日本経済大学教授。2014 年 4 月から神戸ユネスコ協会理事。

陳　秀茵（ちんしゅういん）

神戸大学大学院博士後期課程修了。博士（学術）。日本語及び日本語教育専攻。日本経済大学非常勤講師を経て、日本経済大学専任講師。2018 年 4 月から神戸ユネスコ協会青年部担当理事。

加藤義雄（かとうよしお）

秋田県、五城目町出身。会社経営の傍らユネスコ活動に参画神戸ユネスコ協会理事を経て1995 年副会長に就任。2001 年理事長就任。2008 年会長就任。2012 年カンボジアにて小学校建設。現在に至る。

JCOPY 〈㈳出版者著作権管理機構 委託出版物〉

本書の無断複写（電子化を含む）は著作権法上での例外を除き禁じられています。本書をコピーされる場合は、そのつど事前に㈳出版者著作権管理機構（電話 03-3513-6969、FAX 03-3513-6979、e-mail: info@jcopy.or.jp）の許諾を得てください。

また本書を代行業者等の第三者に依頼してスキャンやデジタル化することは、たとえ個人や家庭内での利用であっても著作権法上認められておりません。

教育、災害、都市化からみた
激変するモンゴル国
　ー神戸ユネスコ協会・2018 年モンゴル
　　国際ボランティアー

2019 年 4 月 15 日　初版発行

編 著 者　　安井裕司・陳　秀茵・加藤義雄

発　　行　　ふくろう出版
　　　　　　〒700-0035　岡山市北区高柳西町 1-23
　　　　　　友野印刷ビル
　　　　　　TEL：086-255-2181
　　　　　　FAX：086-255-6324
　　　　　　http://www.296.jp
　　　　　　e-mail：info@296.jp
　　　　　　振替　01310-8-95147

印刷・製本　　友野印刷株式会社
ISBN978-4-86186-753-8　C3036
ⓒ 2019

定価は表紙に表示してあります。乱丁・落丁はお取り替えいたします。